YO FUI

Memorias de una chica oculta

ESCLAVA

D0840947

Título original: *Hidden Girl. The true story of a modern–day child slave*
Traducción: Roxanna Erdman
Dirección de proyecto editorial: Cristina Alemany
Dirección de proyecto gráfico: Trini Vergara
Dirección de arte: Paula Fernández
Edición: Soledad Alliaud
Diseño: Lucy Ruth Cummins
Armado y adaptación de diseño: Agustina Arado

© 2014 Shyima Hall
© 2014 Sandy Honig fotografía de solapa

© 2014 V&R Editoras
www.vreditoras.com

Publicado por Simon & Schuster Children's Publishing Division.
Este es un libro de memorias. Refleja los recuerdos actuales de la autora sobre sus experiencias durante varios años. Algunos nombres y detalles de identificación han sido modificados y algunos diálogos han sido recreados de memoria. Derechos de traducción gestionados por Taryn Fagerness Agency y Sandra Bruna Agencia Literaria SL. Todos los derechos reservados.

Argentina: San Martín 969 10º (C1004AAS) Buenos Aires
Tel./Fax: (54-11) 5352-9444 y rotativas
e-mail: editorial@vreditoras.com

México: Av. Tamaulipas 145, Colonia Hipódromo Condesa
CP 06170 - Del. Cuauhtémoc, México D. F.
Tel./Fax: (5255) 5220-6620/6621
e-mail: editoras@vergararriba.com.mx

ISBN 978-987-612-892-6
Impreso en Argentina por Talleres Gráficos Elías Porter • Printed in Argentina
Diciembre de 2014

Hall, Shyima
Yo fui esclava: memorias de una chica oculta / Shyima Hall y Lisa Wysocky. -
1a ed. - Ciudad Autónoma de Buenos Aires: V&R, 2014.
256 p.; 19x14 cm.

Traducido por: Roxanna Erdman
ISBN 978-987-612-892-6

1. Literatura Juvenil Egipcia. I. Wysocky, Lisa II. Erdman, Roxanna, trad. III.
Título
CDD 863.928 3

YO FUI

Memorias de una chica oculta

ESCLAVA

SHYIMA HALL

CON LISA WYSOCKY

V&R
EDITORAS

A Mark Abend, por orientarme para vivir en Estados Unidos, por ayudarme a crear conciencia sobre los derechos humanos esenciales y por su dedicación para acabar con la esclavitud en nuestro mundo.

S. H.

AGRADECIMIENTOS

Ante todo, quisiera agradecer al ICE (Servicio de Inmigración y Control de Aduanas de Estados Unidos) y a su amable personal por rescatarme. De no haber sido por ellos, probablemente seguiría en esclavitud. Gracias a Lisa Wysocky (mi coautora), Sharlene Martin (mi agente literaria), Zareen Jaffery (nuestra editora), y a nuestro sello editorial, Simon & Schuster Books for Young Readers, por ayudarme a contar mi historia. Por último, pero no por ello menos importante, un enorme agradecimiento a mis seres queridos: Athena, Daniel, Karla, Amber, Teresa y PaNou, por las numerosas ocasiones en que me demostraron cuánto me quieren y cuánto les importo. Los quiero a todos.

S. H.

Shyima Hall es una joven extraordinaria que se ha sobrepuesto a condiciones estremecedoras para convertirse en la persona fuerte e independiente que es hoy. Quiero agradecerle por compartir su historia íntima conmigo y, también, con ustedes. Expresamos nuestra inmensa gratitud a nuestra agente literaria Sharlene Martin, de Martin Literary Management, por brindarnos siempre su mayor esfuerzo; al agente especial Mark Abend por su diligencia para confirmar los detalles de la vida de Shyima, y a Daniel Uquidez, Amber Bessix, Teresa Bessix y Karla Pachacki, quienes fueron de gran ayuda. A Zareen Jaffery y a todos en Simon & Schuster Books for Young Readers: este libro no sería realidad sin ustedes. El tráfico de seres humanos en Estados Unidos (y en el resto del mundo) es un grave problema que va en aumento. A través de Shyima, espero que puedas tomar mayor conciencia sobre esta terrible práctica y compartas su historia.

L. W.

CAPÍTULO UNO

Todos tienen un momento decisivo en sus vidas.

Para algunos es el día en que se casan o tienen un hijo. Para otros llega cuando finalmente logran una meta que se han fijado. Sin embargo, el curso de mi vida cambió drásticamente cuando mis padres me vendieron para ser esclava. Yo tenía ocho años.

Antes de aquel día desafortunado yo era una niña normal con una familia numerosa en un pequeño poblado egipcio cerca de Alejandría. Crecer en un barrio pobre de Egipto no se parece en nada a la vida de los niños en Estados Unidos.

Al igual que muchas familias que vivían en la comunidad en la cual me crie, mi familia era muy pobre. Fui la séptima de once hijos, la mayoría de los cuales eran mucho mayores, y hasta la fecha no puedo recordar los nombres de todos mis hermanos y hermanas.

Nos mudamos de casa muchas veces, pero la última en la que viví era un apartamento en un segundo piso en el centro de la ciudad. Era pequeño, de solo dos habitaciones, y lo compartíamos con otras dos familias. Durante el día no había espacio suficiente para que todos estuviéramos adentro. De noche nosotros dormíamos juntos en un solo cuarto y las otras dos familias compartían la segunda habitación. Nos acostábamos sobre sábanas en el suelo, pues no teníamos dinero suficiente para comprar camas. Había un baño para todos, incluida la gente que vivía en los otros tres bloques del edificio.

Sé que mis padres fueron felices alguna vez: he visto fotos de ellos riendo en la playa y abrazados, fotos tomadas en los primeros años de su matrimonio. Sin embargo, los padres que yo conocía no se hablaban: gritaban. Y nunca los vi tomarse de la mano o abrazarse.

Mi papá trabajaba en la construcción de viviendas, tal vez de albañil, pero con frecuencia se ausentaba de casa por semanas. Cuando él aparecía se comportaba de una forma que, ahora lo sé, era abusiva. Era un hombre escandaloso, colérico, conflictivo e irracional que nos golpeaba cada vez que estaba molesto, lo cual sucedía casi siempre. Con el tiempo, mi padre empezó a pasar más tiempo en casa de su madre, pero esto no necesariamente era malo, pues la vida era más tranquila cuando no estaba cerca.

Aunque papá nos pegaba, también había buenos momentos con él. Varias veces me sostuvo en sus brazos y me dijo cuán afortunado era de tenerme. En esos ratos me sentía completamente amada, y el amor que sentía por él era grande.

Pero después se pavoneaba con otra mujer delante de nosotros y de mi madre. Lo veíamos afuera intentando seducir mujeres. Aun cuando yo era pequeña, sabía instintivamente que eso estaba mal. Además, podía ver el gesto de disgusto en la boca de mi mamá y la tristeza en sus ojos. Desafortunadamente, en nuestro vecindario había una gran cantidad de mujeres a quienes no les importaba pasar tiempo a solas con el esposo de otra. La mayoría de los hombres que vi actuaban igual que mi padre. Me entristece que esa clase de comportamiento fuera aceptable.

Cada vez que mi papá llegaba a casa, yo esperaba que se comportara diferente, pero nunca fue así. Odiaba despertar por las mañanas y escuchar a mis padres pelear, y por esa razón no me puse muy triste cuando se marchó para volver a casa de su madre.

No me agradaba mi abuela paterna, porque era tan mala y amargada como él. No conocí suficientemente bien al resto de la familia como para saber si también era así. A ellos no les gustaba mi madre y rara vez nos visitaban. En las pocas ocasiones en que fuimos a la casa de mi abuela, frente a nosotros ella le preguntó a mi padre sobre las otras mujeres con las que pasaba tiempo; dijo que nuestra madre era horrible, a pesar de que ella estaba presente. Nunca comprendí eso, porque mamá era nuestro eje, la columna vertebral de nuestra familia y la persona que se aseguraba de que no faltara la poca ropa y comida que teníamos.

No sé por qué mi madre se casó con mi padre. Ninguna de las familias aprobó esa unión, pero en los primeros años tuvieron una buena relación, cerca de la familia de ella, en Alejandría. Tenían una casa agradable, cuatro hijos y estaban enamorados. Luego ocurrió un terremoto y todo lo que tenían quedó reducido a escombros.

Mis padres no tuvieron la fortaleza mental para superar un desastre de esa magnitud, y después no pudieron rehacer sus vidas. Todo comenzó a caer en un remolino, y para el momento en que yo llegué, el 29 de septiembre de 1989, mi familia estaba viviendo en la pobreza, en un barrio miserable.

Cuando yo era pequeña, con frecuencia mi madre estaba enferma, cansada y embarazada. Al llegar a la adolescencia me diagnosticaron artritis reumatoide (AR). Creo que mi mamá también la padecía, porque la genética es un factor de riesgo importante.

La artritis reumatoide es una enfermedad crónica autoinmune que causa inflamación de las articulaciones y de los tejidos circundantes. Muñecas, dedos, rodillas, pies y tobillos son las partes que suelen resultar más afectadas, pero también puede dañar los órganos. La enfermedad empieza lentamente, por lo regular con un pequeño dolor de articulaciones, rigidez y fatiga. La rigidez matutina es común, y las articulaciones pueden ponerse calientes, sensibles y entumecidas si no se usan por un rato. No es una enfermedad con la cual sea fácil vivir, y debió de haber sido aún más duro para mi madre, quien tenía pocos recursos y debía cuidar a tantos hijos.

En Egipto muchos niños no van a la escuela. Allí es legal que dejen de estudiar y empiecen a trabajar cuando tienen catorce años. Solo las familias que necesitan dinero obligan a sus hijos a empezar a trabajar a esa edad, pero aquellas que se encuentran en situación más difícil ni siquiera los mandan a la escuela. Nosotros éramos una de esas familias. Nunca fui a la escuela y jamás aprendí a leer o escribir (aprendí a hacer ambas cosas más adelante, después de que fui liberada). Yo tenía cuatro hermanos menores, y mi papel era cuidarlos cuando mis padres trabajaban.

Hasta donde sé, solo una de mis hermanas fue alguna vez a la escuela. Era la cuarta hija de nuestra familia y los padres de mi madre la cuidaron. Excepto en las vacaciones, nunca la vi. Ella tuvo una vida completamente diferente a la del resto de nosotros. Incluso fue a la universidad, algo insólito para gente de nuestra condición en Egipto. No estoy segura de por qué ella vivía con nuestros abuelos, pero pudo haber sido porque era la más pequeña de los cuatro hijos que tenían mis padres cuando ocurrió el terremoto. Mis abuelos ofrecieron hacerse cargo de ella temporalmente para ayudar a mis padres mientras se recuperaban, y se convirtió en un acuerdo permanente.

Mis dos hermanas mayores eran gemelas. Una se fue primero para casarse y después de eso no supimos mucho de ella. Fue como si hubiera aprovechado la primera oportunidad para escapar de nosotros. La otra gemela, Zahra, era la rebelde de la familia. Siempre se estaba metiendo en problemas, esa pudo ser la razón por la cual mis padres la mandaron a trabajar con una familia rica que vivía a varias horas de distancia.

En cuanto a mis hermanos, no estoy segura de lo que hicieron. Sé que algunos de los mayores iban a clases, porque se levantaban cada mañana, reunían sus libros y caminaban a la escuela, que no estaba muy lejos de casa. Al menos eso es lo que creo que hacían casi a diario. Otros días podrían haber estado trabajando o vagando en alguna esquina. Ojalá se me hubiera ocurrido pedirles a ellos que me enseñaran a leer y escribir, pero por algún motivo esa idea nunca pasó por mi cabeza.

Mi hermano mayor, Hassan, nació después de las gemelas y antes que la hermana que vivía con nuestros abuelos. Conozco su nombre porque es igual a mi apellido. Mi nombre es Shyima El-Sayed Hassan, y mi hermano era Hassan Hassan. "El-Sayed" era el apellido de soltera de mi mamá, y en Egipto era una práctica común usar el apellido de soltera de la madre como segundo nombre de los hijos. Lamento decir que puedo tratar de adivinar los nombres de mis otros hermanos, pero no estoy ciento por ciento segura.

Sé que los que nacieron después de la que vivía con nuestros abuelos y antes de mí eran varones. Eran mis hermanos, pero no me agradaban mucho. Yo era demasiado joven para conocer bien a Hassan, pero estos dos hermanos resultaban muy parecidos a nuestro padre. Eran groseros, gritones y exigentes, sin embargo lo que más recuerdo de ellos era que cuando me prestaban alguna atención, esta consistía en tocarme en forma inapropiada.

Nadie me había hablado acerca de no permitir que otros me tocaran. De hecho, ni siquiera estaba segura de que estuviera mal cuando mis hermanos lo hacían. No recuerdo con certeza cuándo empezó, quizá cuando yo tenía cinco o seis años. Los manoseos me hacían sentir mal por dentro, y evitaba a los niños siempre que podía. Nunca supe si mi madre estaba al tanto de lo que estaban haciendo los chicos, pero pienso que no. No le dije porque no sabía que estaba mal. Para mí, las relaciones familiares eran turbias y yo no conocía nada acerca de los límites apropiados.

Desde entonces me he preguntado si, después de que me marché, ellos habrán tocado a mis hermanas menores como lo habían hecho conmigo. Las mayores eran ya grandes –y nunca estaban bastante cerca– como para permitir que ellos se salieran con la suya. Al menos espero que ese haya sido el caso. Pero así son los abusadores: eligen a personas vulnerables.

Sin embargo, en una ocasión uno de mis hermanos mayores me salvó. Yo tenía unos siete años y habíamos estado jugando sobre unos bultos de paja que estaban apilados cerca de nuestro apartamento. No llevaba zapatos, y cuando salté de la pila de fardos de paja al suelo, caí sobre el filo de un vidrio que me cortó todos los dedos del pie derecho. Debí de haber quedado conmocionada. No me di cuenta hasta que otro chico dijo: "Oye, ¿qué le pasó a tu pie?". Algunas veces, cuando ocurre una amputación, el impacto para el cuerpo es tan grande que detiene temporalmente el flujo de sangre al área afectada. Al parecer eso fue lo que me sucedió.

Una de las cosas más extrañas de esta historia es que no me aterroricé. Después del accidente fui a recoger mis dedos. Luego un niño vecino me llevó con mi hermano, quien me subió en una camilla tipo litera. Una litera es un pedazo grande de tela sujeto a dos palos, uno en cada borde. Dos personas, una delante y otra detrás, se colocan entre los palos, los levantan y corren a su destino. Esta era una forma común de transporte en nuestra ciudad.

Nada me dolía hasta que quienes llevaban la camilla empezaron a dirigirse al hospital. Entonces la sangre comenzó a fluir y yo me quedé petrificada de miedo y dolor. Las únicas cosas que recuerdo del hospital en sí son la cama en la cual me acostaron y que esta se encontraba dentro de un cuarto cerrado, en lugar de estar en un espacio abierto. Pero la cirugía para reimplantarme los dedos sigue en mi mente, pues la hicieron sin anestesia alguna. ¡Pueden imaginar lo doloroso que fue! Una enfermera me sujetó para evitar que me retorciera mientras los cirujanos trabajaban en mi pie. Tenían los rostros cubiertos, así que lo único que pude ver de ellos fue la preocupación en sus ojos.

Me aterrorizaba que pudiera morir. El dolor de la operación fue mucho más grande que cualquier otra cosa que hubiera experimentado, y luego, cuando vi la espantosa cantidad de mi sangre en las toallas quirúrgicas, pensé que me desmayaría.

Inmediatamente después de la operación me fui a casa, aunque no estoy segura de cómo llegué. Luego, durante mucho tiempo no me puse de pie. Cuando empezaba a caminar de nuevo, mi padre decía: "¿Quieres perder tus dedos otra vez? No han sanado. Siéntate". El hecho de que estas palabras sigan en mi mente debe de significar que él estuvo en casa parte de ese tiempo. Sé que mi mamá cambió los vendajes de mi pie varias veces. Debo de haber regresado con el médico para que me quitara los puntos de sutura, pero no recuerdo nada de eso. Hoy tengo todos los dedos de mi pie, pero solo dos funcionan con normalidad: el dedo gordo y el que le sigue.

Mi vida en Egipto era así: alegrías simples interrumpidas por tragedias inimaginables. Era un mundo peligroso. Pero era mi hogar.

Aunque nunca tuve buena relación con mis hermanos mayores, adoraba a mis hermanos menores. Los que tenían edades más cercanas a la mía eran un niño, luego una niña y otro niño, y por último mi hermana más pequeña. Cuando nacieron los tres que me siguen en edad, vino una partera y al resto de nosotros nos mandaron fuera de la habitación donde vivíamos. Pero mi hermanita menor llegó a este mundo un día en que mi madre y yo estábamos solas en nuestro apartamento, mientras los demás visitaban a unos parientes para celebrar un día festivo. Durante el parto, mi madre estaba acostada sobre una manta, y yo era quien guiaba la cabeza del bebé hacia afuera. Mamá me dijo que jalara de la cabeza, con cuidado. Creo que mi apego hacia esta hermana era fuerte porque estuve en su nacimiento.

Después de que ella salió, mi mamá dijo: "Baja con los vecinos, y pídele a una de las mujeres que venga a ayudar". Eso era complicado, porque la mayoría de la gente de nuestro vecindario era mezquina con mi madre. Creo que la veían con desprecio porque no podía corregir la conducta de mis hermanos y tenía once hijos. Y, como hacía con mi padre, mi madre nunca se defendió de los vecinos; por el contrario, toleraba su abuso verbal. Ella siempre perdonaba a los demás y con frecuencia decía: "No puedes estar enojada con la gente".

Yo odiaba que mi mamá permitiera que los demás la maltrataran, y me preguntaba si también dejaba que la pisotearan en el trabajo. Ella nunca dijo gran cosa, y cuando lo hacía hablaba con voz suave. No estaba en su naturaleza ser mala; en cambio, aceptaba el comportamiento negativo de la gente hacia ella.

Mis hermanos mayores permanecían lejos de casa por temporadas muy largas. Quizá mi madre se mantenía en contacto con ellos, pero si así era, nunca me lo mencionó. Yo podía dejar de ver a un miembro de la familia durante meses (o años), y de pronto un día ¡puf!, ahí estaba. Cuando lograba ver a mis hermanas mayores en vacaciones, especialmente a la que estaban criando mis abuelos, me daba gusto ver que eran mujeres más fuertes que mi madre. Las vacaciones eran prácticamente los únicos días en que podía interactuar con ellas, y prestaba mucha atención a lo que hacían y decían. Esperaba tener algún día ese tipo de fortaleza. No imaginaba que más temprano que tarde llegaría a necesitarla.

Aunque mi familia se mudó de casa muchas veces, cada lugar en que vivimos era muy parecido al anterior. Cada hogar era un apartamento en un deteriorado edificio de dos o tres niveles en medio de la ciudad, donde había desde cuatro hasta doce viviendas. En una ocasión nos echaron de uno a medianoche por no pagar la renta.

"Junten sus cosas", dijo mi madre, y así lo hicimos. No era mucho. Esa noche ella, mis dos hermanos mayores, todos mis hermanos menores y yo dormimos en la calle, porque no teníamos coche ni sitio adónde ir. Al otro día caminamos lo que pareció una eternidad hasta que encontramos otro apartamento que era muy similar al anterior.

Ahora puedo mirar atrás y ver qué difícil debió de haber sido eso para mi madre. Con sus embarazos continuos –casi una docena de hijos– y sus enfermedades, las numerosas mudanzas se sumaban a las tensiones de su vida. Ella tenía buenos modales. Creo que era una mujer educada. Recuerdo que tenía un empleo, pero si alguna vez supe cuál era lo olvidé hace mucho tiempo.

Un día ella intentó inscribirme en la escuela. Yo debía de tener no más de siete años. No sé qué la motivó a hacer eso, pero yo estaba emocionada por la posibilidad. Mi hermana mayor que vivía con los abuelos había ido a la escuela y era inteligente. Yo quería ser exactamente como ella. Pero cuando llegué al establecimiento me dijeron que era demasiado mayor. ¿Demasiado mayor? ¿Cómo puede alguien de siete años ser demasiado mayor para ir a clases? Puede ser que no hubiera lugar en esa escuela en particular, o que estaban a la mitad del año escolar y no querían incorporar a una nueva estudiante justo en ese momento, pero el resultado fue que lloré el resto del día.

Desde entonces he conocido a muchos chicos que se quejan de tener que ir a la escuela. ¿Y si nunca hubieran tenido la oportunidad de recibir educación? ¿Y si nunca hubieran aprendido a deletrear, a contar, o nada de historia y geografía? ¿Cómo se las arreglaría en la vida esa gente que se queja de asistir a clase?

No poder ir me rompió el corazón, y sentía celos de que mis hermanos tuvieran la oportunidad de aprender. Estaba celosa de todo el proceso, desde levantarse temprano en la mañana y vestirse, hasta el regreso a casa por la tarde para hacer la tarea. Saber que no tendría la posibilidad de ser parte de eso me deprimió durante días. Lo único que me sacó de ese estado fueron mis hermanos menores.

Desde los cinco años me hacía cargo de nuestro apartamento, mientras mi madre trabajaba. Ayudaba con los quehaceres diarios: barrer, lavar, cocinar y cuidar a mis hermanitos. Ellos eran todo para mí. Eran mi mundo, y los amaba desde el fondo de mi corazón.

Con frecuencia nuestra madre estaba fuera todo el día, y cuando eso ocurría nos encerraba en nuestra habitación del apartamento. Entonces nos vestíamos con su ropa y la de mis hermanas mayores, que no creo que se hayan enterado. También jugábamos a las escondidillas debajo de las cobijas en el suelo y a "chico bueno, chico malo", que era nuestro equivalente de policías y ladrones.

No estoy segura de la razón por la cual nuestra madre nos encerraba, pero puedo suponerlo. El vecindario en que vivíamos no era seguro. Era una zona céntrica de la ciudad donde, de vez en cuando, había apuñalamientos y tiroteos. Y desde mis primeros días sabía que no debía hablar con extraños. Con frecuencia había ajetreo en las calles, con el ruido y las actividades usuales de cuando mucha gente vive junta en espacios cerrados. Algunas de esas actividades eran desagradables, y cuando mamá pensaba que el vecindario estaba agitado y que algo podría suceder, nos encerraba. Nuestro barrio era pequeño y las noticias viajaban rápido. Si nosotros sabíamos que algo así estaba ocurriendo, nos quedábamos adentro. Algunos días, mientras estábamos jugando afuera, los amigos o vecinos me aconsejaban volver a casa con mis hermanos. Entonces los reunía rápido y los llevaba a nuestro apartamento. En días más seguros nos quedábamos afuera, jugábamos en la calle y solo nos hacíamos a un lado cuando pasaba un auto.

Cuando no estaba jugando con mis hermanos, me mantenía ocupada cocinando y limpiando. Lavaba nuestra ropa a mano en una cubeta. Era mucho trabajo, pero solo lavaba las prendas que estaban completamente mugrosas, y ayudaba el hecho de que ninguno de nosotros tenía mucho que ponerse. Por lo general, yo tenía lo que llevaba puesto más una camiseta y ropa interior, y un vestido para las fiestas. Toda nuestra ropa era usada, y para cuando llegaba a mí ya estaba bastante gastada. Pero no me importaba. Nadie en nuestro vecindario tenía demasiado; yo no era diferente de cualquiera de los que conocía.

Generalmente podíamos cenar, pero no siempre. Cuando había comida, era arroz o pan y, de vez en cuando, carne. Si teníamos dinero para unas cuantas papas, íbamos a comprarlas en un mercado cercano. Al llegar a casa, mamá las hervía y las compartíamos en la cena. A veces ella preparaba una receta especial de hojas de parra rellenas de arroz (¡la receta está al final del libro!). Aunque a menudo tenía que modificarla porque no contábamos con todos los ingredientes, ¡aquello era un festín!

La mayoría de los días hacíamos dos comidas y ocasionalmente podíamos comer frutas y vegetales similares a los que hay en Estados Unidos. Sé que pasé hambre durante gran parte de mi niñez.

Si bien estaba feliz de tener qué comer, me sentía aún más contenta en las raras ocasiones en que me duchaba. Teníamos un solo cuarto de baño para los cuatro apartamentos del edificio, así que bañarse no era algo frecuente. Había que compartir el baño con más de veinte personas, y calentábamos el agua con un calefactor portátil (para eso necesitábamos dinero para comprar el petróleo con el que funcionara). Además, teníamos que acarrear el agua, incluida la que usábamos para beber, desde un pozo que estaba lejos de nuestro apartamento, pues no teníamos agua entubada. Por estas razones nadie tomaba duchas largas, aunque con frecuencia tuve que esperar en una extensa fila para usar el retrete.

A la hora de dormir, colocábamos una cobija debajo de nosotros y una arriba. No había almohadas ni lugares específicos para acostarnos. Por eso siempre terminaba durmiendo en diferentes partes de la habitación, cerca de una persona distinta. Durante los meses del verano sentía calor, tanto que no podía dormir. Me agitaba y daba vueltas, pegajosa de sudor, antes de levantarme en medio de la noche para abrir la única ventana de la habitación.

Para dormir vestía la misma ropa que había usado durante el día. No había pijamas en nuestra familia, y casi siempre yo me ponía a la mañana siguiente la misma prenda que había llevado puesta la noche y el día anteriores.

Y luego estaba la lluvia. Me parecía que era muchísima. Y como nuestras calles no estaban pavimentadas, la tierra apisonada se convertía rápidamente en lodo. A menudo se formaban ríos de barro que corrían calle abajo frente a nuestro apartamento. Odiaba eso, porque significaba que tendría más ropa que lavar en mi cubeta y mucha más agua que acarrear para hacerlo.

Pero también me divertía.

Algunos de mis primeros recuerdos son jugar a las canicas con mis hermanos en la calle. Para hacerlo, trazábamos un círculo en la tierra o lo dibujábamos con gis o tiza. Luego cada uno de los jugadores colocaba algunas canicas dentro del círculo. Cuando llegaba mi turno, tiraba con una canica un poco más grande para sacar las otras del círculo, y me quedaba con las que permanecían fuera. ¡Tenía muchas canicas!

También la pasaba bien cuando me arreglaba y me ponía mi vestido para visitar familiares. Por lo general, estas visitas eran a miembros de la familia de mi madre. Pero teníamos que hacerlo en secreto, porque mi papá nos prohibía verlos. A menudo tomábamos el tren a Alejandría y caminábamos un largo trecho hasta la casa de mis abuelos, pero de vez en cuando mi tío nos recogía en su auto. En cualquier caso, mi mamá siempre nos susurraba: "Shhh. No digan nada de esto". Nunca lo hicimos.

Mis abuelos maternos eran cálidos y amorosos, y era evidente que les daba gusto vernos. Siempre había mucha comida y risas cuando los visitábamos. Mi abuela era la señora más maravillosa y afectuosa que había conocido, y mi abuelo siempre nos daba dinero para ir a la dulcería que estaba en la casa de al lado. Cuando él falleció, por complicaciones relacionadas con el alcoholismo, me entristecí más de lo que jamás hubiera imaginado. No debo haber tenido más de siete años.

Había muchas tías, tíos y primos, a quienes veíamos en casa de mis abuelos, pero ya no recuerdo sus nombres. Pasamos muchos momentos felices ahí. Cuando nos reuníamos sentía como si todo estuviera bien en mi mundo. ¿Y saben qué? Todo *estaba* bien. En esencia, sin importar cuán pobres éramos, lo abusivo que era mi padre, su ausencia o lo duro que yo tenía que trabajar, era una niña feliz.

A pesar de nuestra pobreza, era feliz. Entiendo que parte de ese sentimiento tuvo que ver con la alegría irrefrenable de ser una niña, pero la otra razón de mi felicidad era el amor. Aunque para los estándares de Estados Unidos yo era una niña desatendida, en aquellos días amé y fui amada. Era todo lo que sabía. Mis hermanitos y yo habíamos formado un vínculo especialmente fuerte, y yo adoraba cuidarlos y estar con ellos. La vida era buena.

CAPÍTULO DOS

La vida con mi familia parece haber quedado muy atrás, y mis recuerdos de aquel tiempo se antojan muy lejanos. Pero hay detalles que nunca olvidaré. La manera en que el polvo se levantaba de las calles siempre que pasaba un vehículo, la sensación de la tierra caliente bajo mis pies descalzos cuando jugaba afuera, los sonidos de los niños riendo en mi vecindario, la manera en que los colores de la ropa que colgábamos afuera para que se secara se iban esfumando en el sol inclemente...

Eso es lo que sucede con los recuerdos de la primera parte de mi vida. Algunos momentos están delineados en mi mente con claridad, y los veo como si hubieran ocurrido apenas ayer. Otros son borrosos y vagos, e incluso de otros no tengo memoria. He aprendido a mantener cerca y atesorar los recuerdos positivos y los buenos sentimientos que me producen.

Un día hubo un gran alboroto en nuestra casa porque a una de mis hermanas mayores la habían despedido de su trabajo de una manera vergonzosa.

En aquel entonces yo tenía ocho años, y mi hermana Zahra, una de las gemelas, había estado trabajando por algún tiempo con un hombre rico y su esposa en la capital egipcia, El Cairo. Nuestro pueblo, que estaba cerca de Alejandría, quedaba varias horas al noroeste de El Cairo en coche, y luego de que ella se fue a trabajar allí ya casi no la veía. No es que la hubiera visto mucho antes. Zahra era bastante más grande —cuando yo tenía ocho, ella debe haber tenido entre dieciséis y veinte, o quizá incluso más— y la diferencia de edad entre nosotras, y sus frecuentes ausencias de casa, habían hecho nuestra relación casi imposible.

Mis padres habían arreglado para que mi hermana trabajara para esta familia, y dado que le pagaban una miseria (que mi madre iba a buscar cada mes), prácticamente había permanecido en cautiverio. Más tarde supe que Zahra nunca había tenido días libres, no se le permitía salir de la casa de sus empleadores sin estar acompañada y sin permiso, y que había tenido que soportar toda clase de abusos físicos y verbales. Básicamente, ella había trabajado desde que el sol salía hasta que se ponía.

En Egipto no es raro que una familia haga un contrato como este con otra familia más rica. Yo creo que el acuerdo que mis padres hicieron con estas personas decía que Zahra debía trabajar para ellos durante diez años, y ella lo había cumplido solo por dos o tres cuando la "despidieron". Cuando supimos que la habían echado, hubo muchos gritos; y los de mi padre eran excepcionalmente airados.

Unos días más tarde, mi madre, mi hermana menor y yo fuimos a visitar a los antiguos empleadores de mi hermana en El Cairo. Yo era la niña más grande en casa, así que a menudo salía con mi mamá. La mayoría de los viajes eran al mercado o para ayudar en los mandados cerca de nuestro apartamento. Pero también mi hermanita más pequeña y yo habíamos acompañado ocasionalmente a nuestra madre cuando iba a recoger el "dinero de Zahra". En algunos de esos viajes vi a los gemelos de aquella familia, que eran más pequeños que yo, y a la hija menor, que era más o menos de mi edad.

Pocas cosas permanecieron en mi mente de aquel viaje, pero sé que estuve parada en la enorme habitación de la dueña de la casa mientras cargaba a mi hermanita. No hubiera amado más a esa niñita si hubiera sido mi propia hija. Lamento decir que ya no recuerdo su nombre.

Aquel día había otra mujer, llamada Nebit; y pude entender que era pariente de la familia empleadora, y que su propia familia vivía también en esa casa enorme. La primera mujer estaba acostada en la cama, y le dijo a mi mamá que mi hermana les había robado dinero. Más de lo que nosotros podríamos pagar jamás. Mi madre ya había confirmado este hecho con mi hermana y sabía que la acusación era correcta.

"No puedes devolver lo que tu hija robó", dijo la señora en árabe. "Pero sí puedes ofrecernos a alguien más que trabaje para pagar la deuda, o llamaremos a la policía".

Las lágrimas cayeron de los ojos de mi madre. Yo me quedé parada, en silencio, tratando de controlar mis emociones. Tenía miedo de la amenaza de esa señora, y estaba triste por las lágrimas de mi mamá.

Luego, la mujer dijo: "Puedo entrenar a la pequeña desde cero, y no tendremos estos problemas de robo".

Por lo que pude entender del resto de la conversación, el contrato que mis padres habían hecho con esta familia establecía que mi hermana debía vivir en esa casa y ayudar con la limpieza y la cocina. Luego escuché que mi madre aceptaba que lo justo para todos era que otra chica trabajara en lugar de Zahra.

"Muy bien. Es un trato", respondió la mujer en árabe.

El hueco en mi estómago se encogió cuando comprendí que la chica de la que estaban hablando era yo.

Después mi madre comenzó a hablar de mí como si yo no fuera más que un mueble, una mercancía. ¿Cómo pudo referirse a mí de esa manera tan insensible? ¿Acaso ya no me quería? Un agujero negro se formó en el centro de mi ser conforme me iba dando cuenta de que iba a tener que dejar a mi madre, mis hermanos, mi hogar, mi vida. Rara vez había estado fuera de mi barrio y ciertamente nunca había estado con extraños tan lejos de casa. Estaba confundida y comencé a llorar tan fuerte que mi cuerpo entero se estremecía.

Cuando somos jóvenes, con frecuencia lo que permanece más tiempo con nosotros es la emoción de una experiencia. Un niño podría no recordar los detalles de una pesadilla, pero la sensación de terror que ocasiona el sueño puede quedarse ahí toda la vida. Así fue aquel día para mí. El sentimiento de abandono está hoy casi tan fresco como hace quince años, cuando tenía ocho. No había tenido mucha experiencia en la vida, pero sabía que las familias debían permanecer juntas. Se supone que los padres deben cuidar y apoyar a sus hijos, no venderlos a extraños.

He pasado muchas horas preguntándome acerca de las motivaciones de mis padres. Mientras que Zahra había estado ganando una pequeña cantidad de dinero cada mes que había ido a parar a la familia, mi empleo en la casa tendría el único propósito de saldar su deuda. Esta no era solo la deuda del dinero que había robado: era una deuda de honor. Mi hermana había causado una tribulación a esa familia, y para compensarlo esperaban que yo me convirtiera en una esclava doméstica.

¿Por qué mi madre no se negó? ¿Por qué no luchó por mí? ¡Yo tenía ocho años! ¿Acaso éramos tan pobres que ya no podían alimentarme? ¿Acaso mi madre pensó que mis perspectivas serían mejores si vivía como esclava de esa gente que las que tendría si me quedaba en casa? ¿El "honor" de nuestra familia era mucho más importante que yo? ¿Les habrán dicho la verdad a mis padres acerca de cuál sería mi situación en la casa? ¿Alguna vez mi papá se preocupó por mí? ¿Por qué permitió esto?

En años recientes he recibido mucha terapia para enfrentar mejor los asuntos que estos interrogantes han generado, y casi he hecho las paces con lo que sucedió. Pero aquel día, cuando era una niña de ocho años, me sentí desechada y me aterrorizaba no volver nunca a mi hogar. Desafortunadamente, tenía razón.

Mi madre me abrazó estrechamente antes de que me despidiera con tristeza de mi hermanita. Las últimas palabras que me dijo fueron: "Sé fuerte".

Por una parte no podía creer que me estuviera dejando ahí. Por otra, abrigué la esperanza de que solo me quedaría unos cuantos días, una semana cuando mucho. En todo caso, me sentía traicionada. Era demasiado joven para entender que la esclavitud no era una situación inusual para las familias egipcias de nuestro bajo nivel económico. Para mis padres, para mi familia, esto era parte de la vida.

Con el rostro bañado en lágrimas, miré por la ventana mientras mi madre y mi querida hermanita se alejaban por el largo camino de acceso a la casa. Quería saborear hasta la última gota de mi familia, así que me quedé mirando hasta que dieron vuelta en una esquina y ya no pude verlas.

Aquel día, cuando entramos en esa casa, ni mi mamá ni yo sabíamos que no regresaría con ella. Por eso yo no llevaba nada conmigo: ni ropa ni una manta que me resultara familiar o una foto de mi familia. No tenía nada, y me sentía devastada.

Nunca supe qué sucedió con Zahra después de que me fui, pero me imagino que mi padre le pegó; es decir, puede que lo haya hecho si acaso ella volvió a casa mientras él estaba ahí. Es posible que ella no lo haya visto por algún tiempo o que la hayan vendido a alguien más. Sin embargo, estoy casi segura de que para entonces ella ya era adulta, y podría haber tenido más opciones. No obstante, como consecuencia de su hurto, mi hermana estaba "echada a perder", lo que podría haber dificultado que se la "empleara" o que pudiera casarse con un hombre de buena condición. Además, la razón de que Zahra hubiera sido vendida como esclava en primer lugar podría haber sido que era una chica conflictiva. Tal vez mis padres habían pensado equivocadamente que ello la estabilizaría y la ayudaría a madurar. O quizá valoraban más el dinero que su hija producía que a ella misma.

No sé si Zahra robó el dinero de esa gente porque había planeado huir y liberarse de su cautiverio, o si lo hurtó porque sabía que ese acto ocasionaría que la devolvieran a nuestro hogar. Tiendo a pensar que la primera posibilidad es la correcta, pero quizá nunca llegue a tener la certeza.

Estas preguntas sin respuesta son típicas en mi vida y la de muchos niños (y adultos) que permanecen en cautiverio. Con frecuencia los esclavos pierden el rastro de su familia, y los lugares y los recuerdos se desvanecen o se distorsionan. Desafortunadamente miles de nosotros, niños y adultos, viven esclavizados en Egipto, Europa e incluso en Estados Unidos.

De acuerdo con el Departamento de Salud y Servicios Humanitarios de Estados Unidos, la trata de personas es el negocio criminal que más rápido crece hoy en día en el mundo. Hay dos formas distintas de comercio: en una se recluta a la persona en circunstancias falsas, y en la segunda se la vende sin su conocimiento ni su consentimiento. La segunda fue la que me ocurrió a mí, y se trata de esclavitud en sentido estricto. Hace unos años quedé impactada cuando conocí el Reporte de 2005 sobre la Trata de Personas del Departamento de Estado en Washington: hasta ochocientas mil personas se trafican a través de las fronteras internacionales cada año. Se cree que la mitad de esas víctimas son niños.

La mayoría de la gente cree que en Estados Unidos la esclavitud fue eliminada durante la Guerra Civil, pero no es cierto. La esclavitud legal ha desaparecido, pero hoy en día hay unas 17.500 personas mantenidas en cautiverio, traídas de manera ilegal al país cada año. Y se estima que en un momento dado hay más de 43.000 esclavos en Estados Unidos. Aún peor: en el mundo hay más de 27 millones de esclavos.

En Estados Unidos, solo 2% de los cautivos finalmente son rescatados. Me parece que esa cifra es apabullante, pero es un porcentaje superior al de otros países. Y muchos de esos rescates se llevan a cabo gracias a los datos que los vecinos aportan al departamento de policía. Un vecino tiene la sensación de que algo no está del todo bien en la casa de al lado y, luego de una larga deliberación, llama.

Pero en El Cairo no había vecinos entrometidos, así que nadie llamó. Nadie supo que yo estaba ahí, porque la propiedad que habitaba esa gente era enorme y la mansión estaba muy lejos de otras casas. Unos cuantos días, o quizás una semana después de que mi madre me dejó en casa de aquellos desconocidos, comencé a darme cuenta de mi nueva y cruel realidad a un nivel más profundo: no iba a volver a casa. Jamás. Me puse histérica e insistí en que alguien llamara a mi mamá y le dijera que viniera a buscarme.

Eso era difícil por varias razones. Primero, mi familia no tenía teléfono. Segundo, mis captores, como llegué a pensar del hombre y su esposa, no estaban dispuestos a llamar a mi madre. En vez de eso, supliqué y recurrí a la ayuda de algunas de las otras personas de la casa. Había muchas, todas adultas, que trabajaban y vivían allí desarrollando diversas tareas, y fueron amables conmigo. Me tomó un tiempo, pero al final logré tener a mi madre en el otro extremo de la línea telefónica. Estaba tan contenta de oír su voz que probablemente fui incoherente, pero su tono me destrozó. "Estás bien. Haces algo bueno para tu familia. Debes quedarte ahí. Si no lo haces, te sucederán cosas malas", dijo.

Yo apenas podía respirar: ella en verdad me había abandonado. ¿Acaso no me quería? ¿Cómo había ocurrido esto? ¿Qué había hecho para merecerlo? Por supuesto, la respuesta era: nada. No había hecho nada, sino ser una niña feliz que amaba a su familia. Descubrí que, para mí, el viejo dicho que afirma que "las cosas malas a veces le suceden a las personas buenas" era cierto.

Cuando colgué el teléfono di media vuelta y miré a mis compañeros de trabajo consternada. Esta vida de esclavitud, de cautiverio, iba a ser mi vida. Para siempre. Me derrumbé en el suelo y sollocé.

Resultó que no permanecí cautiva para siempre, aunque todos los días que fui esclava fueron demasiados. Fui una de las afortunadas; fui parte de ese 2% que tuvo suerte. Me rescataron, pero pasarían años antes de que ello ocurriera. Primero habría de derramar muchas lágrimas. Tendría que hallar recursos internos que no sabía que existían y tendría que viajar al otro lado del mundo antes de que la libertad que tanto anhelaba fuera mía.

Cada día que despertaba en casa de mis captores, en lo primero que pensaba era en el hogar y la amada familia que había dejado atrás. Y siempre que tenía un momento libre durante el día –lo cual no ocurría muy a menudo– mi familia volvía a ocupar el centro de mi mente.

Había tenido muchos amigos en el barrio. Había amado a mi madre, a mis hermanos, a los vecinos y a mi familia extendida. Había amado mi vida y mi sentido de pertenencia, y odiaba que, cuando me enviaron a vivir con mis captores, mis padres hubieran permitido que todo eso desapareciera.

CAPÍTULO TRES

Abdel Nasser Eid Youssef Ibrahim y su ahora ex esposa, Amal Ahmed Ewis-abd Motelib, eran mis captores. Me dirigía a ellos como "señor" y "señora", pues no tenía permitido llamarlos por sus nombres, pero en privado no les tenía esa clase de respeto. En cambio, pensaba en ellos como la Mamá y el Papá. Ellos me decían "niña estúpida".

Pronto me di cuenta de que la Mamá siempre tenía una expresión de amargura en el rostro. Nada de lo que cualquiera hiciese era suficientemente bueno para ella, siempre estaba molesta y siempre creía tener una razón para ello. El Papá pasaba mucho tiempo en el teléfono; me sorprende que no se le hubiera quedado pegado permanentemente en la oreja. Discutía con quien estuviera hablando y sus cejas fruncidas hacían juego con su voz enojada. También se tocaba la frente con frecuencia, en un esfuerzo por relajarse. En retrospectiva, su cara no estaba siquiera cerca de ser tan mala como la de su esposa.

Mis captores usaban prendas de estilo occidental; no me refiero a ropa de vaqueros, sino a la que usan las personas promedio en Estados Unidos. Para ellos, todo se trataba de las marcas. Si algún diseñador exclusivo impresionaba a los demás, esa era la ropa que usaban. La Mamá, el Papá y sus cinco hijos vivían en una casa de ladrillo de cinco niveles con grandes espacios abiertos y entrada con vigilancia. Yo pensaba que esa casa era como un castillo. No salía mucho, pero cuando lo hacía siempre me asombraba su tamaño. Para llegar a la propiedad había que tomar una desviación de la carretera principal por una calle larga y pasar varias casas que estaban muy separadas entre sí. Eran las de los encargados de mantenimiento y de otros empleados de la finca. Luego había que atravesar un jardín grande y hermoso que se parecía a alguna pintura famosa.

La residencia principal tenía estacionamiento para diecisiete autos y un elevador, y en el primer piso había una piscina techada con un domo retráctil que se abría al cielo. La familia llegaba allí por el elevador o por una serie de amplias escalinatas, pero yo debía usar una escalera separada, que bajaba desde la cocina y estaba destinada a la servidumbre.

El resto del primer piso estaba amueblado para impresionar a los invitados, lleno de sofás, sillas y mesas caras, lujosamente iluminado y con muchísimos adornos. Excepto para usar la piscina, nadie de la familia acostumbraba estar en el primer piso, y los hijos tenían estrictamente prohibida esa área. En cambio, el Papá rentaba ese espacio a compañías de cine y a empresas que organizaban ahí grandes fiestas y otros eventos.

El segundo piso albergaba varios ambientes amplios. El hermano de la Mamá, su esposa y sus hijos tenían habitaciones aquí, y el dormitorio principal era tan grande como una casa. En medio había una enorme cama circular, y un área para sentarse al lado de una amplia ventana. El baño principal tenía dos tinas y daba la impresión de que había hectáreas de mármol.

Mis captores tenían cinco hijos y los dos menores eran gemelos, que tendrían unos cinco años cuando llegué a la residencia. Ellos dormían en una linda habitación del segundo piso, decorada con figuras de Winnie Pooh; y la hija menor, casi de mi edad, tenía un hermoso cuarto decorado con figuras de Barbie. A mí me parecía el dormitorio de una princesa.

Además, en el segundo piso había una gigantesca cocina completamente equipada, donde un empleado cocinaba para la familia. Las escaleras que yo tenía permitido usar para ir de un piso a otro se encontraban en una esquina de la cocina.

Las dos hermanas mayores dormían en el tercer piso. La más grande tenía una habitación extraña, totalmente negra, incluso los muros y la alfombra; mientras que el cuarto de la segunda estaba llena de posters, como la de cualquier adolescente de Estados Unidos.

En el tercer piso también había un cuarto de juegos completamente equipado y dos enormes áreas de asientos con televisores.

El fregadero también se encontraba en aquel piso, por lo que yo pasaba mucho tiempo ahí. El cuarto piso estaba reservado para los invitados y rara vez se usaba, en tanto que los sirvientes, incluida yo, dormíamos en el quinto piso.

Todo esto fue un choque cultural para mí. No podía creer que existieran casas y muebles así, y era difícil comprender que la gente pudiera vivir con tales lujos.

Una residencia como esta requería un pequeño ejército de sirvientes. Cuatro o cinco de nosotros vivíamos en la casa y cuidábamos a la familia, pero los demás ocupaban cuartos separados dentro de la misma propiedad o llegaban cada día a trabajar desde sus casas. Cada uno de nosotros tenía una modalidad distinta de "empleo". Algunos sirvientes trabajaban por un pequeño sueldo, mientras que otros recibían alojamiento y comida como parte de su ingreso. Estos últimos no eran esclavos y podían volver a sus hogares cuando no estaban trabajando.

Quienes vivíamos en la casa dormíamos en literas en una de las dos habitaciones, en el ático del quinto piso. Algunas de esas personas eran criados de tiempo completo, y otras quizás eran aprendices o estaban esclavizadas, como yo. Desafortunadamente, a ninguno de los otros sirvientes les resultaba extraño que yo estuviera esclavizada por esta familia. Es triste que la esclavitud infantil fuera, y siga siendo, tan común en Egipto, que la mayoría de la gente no piensa mucho en ello.

Mi vida en la mansión era tan extraña que no podrían ni imaginarla. Fue la primera vez que dormí en una cama, la primera vez que tuve una almohada, y esas eran novedades por sí mismas, aunque no es que yo disfrutara mucho durmiendo. Junto a los dos dormitorios de la servidumbre había un baño suficientemente grande con dos lavabos, una tina y un sector para ducharse.

La familia comía en platos hermosos y usaba bellos cubiertos, pero los sirvientes siempre utilizaban platos de cartón, vasos rojos y cubiertos de plástico. Nunca se decía, pero se sobreentendió, que nosotros no éramos suficientemente dignos como para usar la vajilla de la familia.

Lo mismo pasaba con los muebles. Nunca me dijeron que no me sentara en ninguno de ellos, pero nunca lo hice porque sabía que no debía hacerlo. En las raras ocasiones en que tenía más de un segundo para sentarme a lo largo del día, lo hacía en un banco que estaba reservado a la servidumbre, en la cocina. Ya fuera intencional o no, todo ello se combinaba para hacerme sentir "menos que". ¿Y no es así como los captores esperan que se sientan sus esclavos? Para terminar de hacer pedazos mi autoestima, nunca me dieron zapatos. De acuerdo, todo el mundo andaba descalzo dentro de la casa, es una costumbre común en esa parte del mundo, pero mi único calzado eran unas sandalias usadas.

Dos de las mujeres que vivían ahí –de unos treinta años de edad– tenían familia: esposo e hijos, dondequiera que estuvieran sus hogares. Por diversas razones se habían metido en problemas y trabajaban como sirvientas de tiempo completo para la Mamá y el Papá. Solo unas cuantas veces fueron a casa a ver a sus familias.

Ambas señoras eran amables y me ayudaron mucho, especialmente en los primeros meses. Me sentía cómoda con ellas porque se parecían a mis hermanas mayores y vestían como ellas. En ese sentido, estas dos mujeres me recordaban mi hogar. Es típico que las mujeres musulmanas deban cubrir su cabello con la prenda tradicional, el hiyab. Es un velo que tapa la cabeza y el cuello. Se usa en público —y en presencia de varones adultos que no sean familiares—, y estas mujeres cubrían su cabello.

También había una madre y su hija que trabajaban de sirvientas. La hija debía tener alrededor de veinte años y no quería estar ahí. Yo tampoco quería estar ahí. El cambio de personal era muy frecuente, y algunos solo duraban unos días. Debieron ser varias las docenas de trabajadores que entraron y salieron rápidamente durante los años que estuve allí.

Todos estábamos muy ocupados y rara vez podíamos hablar entre nosotros durante el día. Por la noche estábamos demasiado exhaustos, pero en la cocina siempre había alguna discusión sobre la familia: por lo regular acerca de la Mamá y de lo engreída que era. Yo no participaba mucho en esas conversaciones, pero escuchaba mucho. Me reconfortaba saber que mis compañeros sirvientes y esclavos sentían exactamente lo mismo que yo acerca de esa gente.

La actitud de la Mamá no era lo único que nos preocupaba. El Papá tenía mal temperamento. Si alguien lo molestaba, su primera reacción era abofetearlo. Si estaba muy enojado, se quitaba el cinturón y le daba algunos azotes. Esto incluía no solo a los sirvientes de la casa, sino también a su esposa e hijos.

Tuve muchos problemas para adaptarme de ser la niña pequeña que era feliz con una familia numerosa y pobre, pero amorosa, a vivir en una casa donde todos los días me humillaban de cientos de formas. Ser llamada "niña estúpida" era lo de menos. Nunca tuve suficientes horas en el día para hacer todo el trabajo que se me asignaba, aun cuando la familia adquirió una aspiradora nueva y otros artículos de limpieza para que yo los usara. Al principio, cada noche lloraba lo que parecían ser las lágrimas de todo un año. ¿Cómo había podido mi madre abandonarme a esta clase de vida? Nunca entendí cómo es que ella —o cualquier madre— pudo someter a esto a un hijo al que amaba. Sé que nunca lo comprenderé mientras viva.

El trabajo en la casa era el mismo todos los días. Si no me había levantado antes del amanecer, alguna de las sirvientas me despertaba, aunque estuviera agotada del día anterior. Luego bajaba deprisa por las escaleras a la cocina, donde otra mujer me encomendaba las tareas del día. No tenía que preocuparme por vestirme, porque generalmente usaba la ropa con la cual había dormido. Y, como hacía cuando vivía con mi familia, dormía con lo que había llevado puesto el día anterior. A menudo tenía una muda de ropa, pero no siempre.

Nunca desayuné, a pesar de que una de mis primeras labores diarias era ayudar a limpiar la cocina. Sencillamente no había tiempo para comer, pues el ritmo era brutal. Cuando había terminado de lavar y guardar los platos, aseaba los baños del segundo piso. Luego, en el tercer piso, limpiaba el área de la televisión y el cuarto de juegos. Esas habitaciones siempre eran las más desordenadas porque allí la familia pasaba más tiempo.

Había teléfonos e interfonos por toda la casa (así era como ellos se comunicaban entre sí la mayor parte del tiempo). Y cada mediodía la Mamá ordenaba a la cocina la comida que debía preparar el cocinero.

Yo pasaba la mayor parte del día en el tercer piso, y seguía sorprendiéndome el inmenso tamaño de dos pinturas que colgaban del muro: un retrato del Papá y otro de la Mamá. ¿Quién hace eso?, pensaba yo; ¿quién colgaría pinturas enormes de sí mismo en su casa? Aun siendo tan joven, me parecía algo ridículo.

Hacía mi mejor esfuerzo por dejar todo impecable, pues si la Mamá pensaba que una alfombra o un lavabo no se veían perfectamente limpios, tenía que hacerlo otra vez. Eso llevaba tiempo (que no tenía), y mi negligencia podía costarme una bofetada. En medio de mis tareas habituales, debía suspender todo para llevar a los miembros de la familia cualquier cosa que quisieran y cuando lo quisieran.

Aunque pasaba la mayor parte de la jornada en el tercer piso, cuando terminaba volvía a la cocina para ayudar. Un cocinero estaba ahí todo el día, pero otra de mis tareas era lavar los platos. Con una familia de siete, más los parientes que vivían ahí con sus hijos y las comidas que se hacían a lo largo del día, había varios cientos de platos sucios. En la casa había un lavavajillas enorme, pero por alguna razón solo lo utilizaban cuando había visitas. Ahí estaba yo, rendida de cansancio, parada sobre un banco para lavar los platos, pues no era suficientemente alta como para alcanzar la cubierta del fregadero. Parecía no tener fin.

Había otros aparatos modernos que parecían nuevos. No estoy segura de que la Mamá supiera para qué se usaba cada uno, y el cocinero utilizaba por lo común las ollas y sartenes tradicionales para guisar. El final de la tarde era el mejor momento, pues finalmente podía comer. Durante el día nunca comía y ni siquiera tomaba agua, porque estaba demasiado ocupada. Por la tarde me sentía feliz con las sobras de la familia y engullía lo más que podía. Debo decir que la calidad de los alimentos era mucho mejor que la de mi casa. Aunque la familia disfrutaba muchos platillos distintos, por lo general, lo que quedaba después de la cena era arroz o carne. Eso comía yo.

Llenaba mi estómago, pero nunca era suficiente. Pronto volvía a sentirme hambrienta y me quedaba así hasta la siguiente noche.

Nunca pensé en escapar. ¿Adónde podía ir? Estaba a kilómetros y kilómetros de mi casa. La propiedad estaba cercada y yo era demasiado pequeña como para pasar sobre la valla del portón. Aun si hubiera llegado a la carretera principal, no habría sabido qué camino tomar. Me encontraba a horas de mi pequeño poblado. Además, estaba la advertencia tanto de mi madre como de la Mamá de que si yo no cooperaba iría a la cárcel, donde me ocurrirían cosas malas. No tenía idea de cuáles eran esas cosas malas, pero mi vida ya era mala y yo no quería que empeorara. En lugar de huir me levantaba temprano, todos los días, a pesar de que no tenía reloj despertador. Aunque no habría hecho mucha diferencia de haber tenido uno, pues no sabía leer la hora. En cambio, aprendí a calcular mi día por el sol. Por ejemplo, si la luz estaba entrando en el comedor, sabía que los niños volverían pronto de la escuela. También aprendí a marcar la hora por las órdenes que me ladraban: "Es mediodía, niña estúpida. Tráeme un sándwich".

Me levantaba temprano casi todos los días, pues nunca dormí bien mientras estuve con esa familia. Mantenía una parte de mí despierta como medida de precaución, y la razón era que tenía miedo: nunca sabía qué harían la Mamá o el Papá o cómo se comportarían.

Con frecuencia la Mamá no se levantaba sino hasta la última hora de la mañana, y el Papá era un empresario que hacía la mayor parte de sus negocios en una habitación de la casa. Yo sabía poco acerca de eso, aparte de los fragmentos de conversaciones que escuchaba cuando estaba limpiando la casa. Creo que él heredó de su padre una empresa siderúrgica. Era una compañía grande, y toda su gente acudía a él. Debido a sus horarios, no interactué mucho con la Mamá o el Papá. En cambio, la mayor parte de mi contacto con la familia fue con los niños.

Me agradaban los gemelos pequeños, y al parecer yo también les simpatizaba. Tenían cabello oscuro y piel morena, y se parecían mucho a su madre. Las dos niñas menores —la que tenía mi edad y la que le seguía, de unos trece años— eran bajas de estatura, de cabello rubio oscuro y parecidas a su papá. Ellas me ignoraban, excepto cuando querían que les llevara un sándwich o que volviera a plancharles alguna prenda. La chica mayor tenía unos quince años y era la más arrogante de todas. Era alta, delgada y de cabello oscuro, como su madre.

Cuando me encontraba con la Mamá o el Papá, trataba de hacerme invisible porque me aterrorizaban. Si me hablaban, yo miraba al piso. Había visto a otros en la casa recibir bofetadas por mirarlos de frente, y no quería que eso me sucediera. En ese sentido, el suelo se volvió mi amigo. De hecho, lo miraba la mayor parte del tiempo, aun cuando los niños de la casa me estuvieran hablando.

Sin embargo, la persona más mala de toda la casa era Nebit. Varias veces la vi empujar a los sirvientes que habían cometido el error de caminar delante de ella. Era una mujer llena de odio. Y eso es algo que me intriga hasta ahora. Esa gente tenía una casa enorme y hermosa; una piscina increíble y sirvientes que se hacían cargo de todo lo que necesitaban. Tenían buena comida, ropa preciosa y muchos autos de lujo. Pero era la familia más infeliz y desagradecida que yo haya conocido. La Mamá y el Papá no eran felices el uno con el otro, y los chicos se sentían con derecho a todo.

¿Cómo no podían ver lo privilegiados que eran? ¿Cómo podían no darse cuenta de lo afortunados que eran al tener ese estilo de vida? ¿Por qué no podían dar las gracias por su maravillosa existencia o apreciarla? En ese tiempo había muchas cosas que no entendía acerca de mi propia vida ni de la gente que estaba en ella. Probablemente nunca lo comprenda.

En una o dos ocasiones pude hablar brevemente con mi madre por teléfono. Las llamadas las hacía la Mamá y eran principalmente para discutir los detalles del pago que le hacía por mí. Aunque yo creía que estaba pagando la deuda de mi hermana, como parte de su acuerdo con mis padres, la Mamá y el Papá les daban una pequeña suma cada mes: el equivalente a diecisiete dólares estadounidenses. Más tarde comprendí que seguramente habían acordado un reparto. Si, por ejemplo, hubiera ganado cincuenta dólares al mes en mi "empleo", la Mamá y el Papá les daban menos a mis padres y la diferencia se destinaría a pagar la deuda de mi familia. Cada vez que yo decía: "Mamá, quiero ir a casa", ella respondía: "Ya casi terminas. Estás bien. Pronto vas a estar en casa". Pero aun entonces me daba cuenta de que esas palabras eran solo para apaciguarme.

Además, cada vez que mi madre y yo hablábamos, la Mamá o el Papá escuchaban en otra extensión. Después me gritaban: "Eres una niña estúpida; deberías estar agradecida por la buena vida que te damos". Era como un disco rayado, o como la película *El día de la marmota*, donde los mismos sucesos ocurren una y otra vez.

Nada iba a cambiar por sí solo. Yo lo sabía y también sabía que los adultos lo sabían.

CAPÍTULO CUATRO

Y la vida siguió y siguió. Día tras día atendía a la familia; me hice cargo de todas sus necesidades y limpié su casa. Fui víctima de su abuso verbal y recibí más bofetadas que las que quisiera contar. Nunca tuve un día libre, ni siquiera cuando no me sentía bien.

Parecía como si cada mes fuera el cumpleaños de alguien o hubiera una celebración musulmana. Nunca me invitaron a participar ni se festejaban mis propios cumpleaños. Cuando se celebró la segunda fiesta de cumpleaños de los gemelos desde que yo estaba en la casa, supe que había permanecido ahí mucho tiempo.

No tenía nociones del calendario, de los meses o los años. Aunque antes de vivir con mis captores yo hubiera contado mi edad, no tenía un concepto definido de lo que eso quería decir. El tiempo no significaba nada para mí. Hoy era solo un día, igual que mañana.

Estaba demasiado cansada como para guardar resentimientos. Demasiado cansada como para estar enojada porque otros niños celebraran grandes acontecimientos y yo no. Cuando eres esclavo no pasa mucho tiempo antes de que tus emociones se cancelen en tu mente para entrar en un "modo supervivencia". Quizá por eso en ocasiones mis recuerdos están fragmentados o simplemente no existen. Mi cerebro estaba sobrecargado tratando de sobrevivir, y los detalles cotidianos no eran necesarios en ese proceso.

Pero después de haber estado con mis captores por un par de años, tenía la sensación creciente de que esta familia tenía sus propios problemas. El Papá había estado "fuera" varias veces por largos períodos, y aunque a mí no me decían nada específico, yo alcanzaba a escuchar conversaciones entre los miembros de la familia o entre sirvientes cuando hablaban de que tenía problemas con la ley.

—No tardará en venir —comentó el cocinero un día.

—*Ella* quiere un gran recibimiento cuando él llegue a casa —agregó una de las criadas.

—Eso significará más trabajo para nosotras, yo sé lo que te digo —dijo otra.

Tal como algunos de los sirvientes habían anticipado, cuando el Papá regresó hubo una gran fiesta. Muchísima gente estuvo en el festejo, así que necesitamos una gran cantidad de ayudantes.

Luego hubo un día en que uno de los sirvientes se fue, y después otro. Poco después, la Mamá y los niños comenzaron a empacar sus cosas y me di cuenta de que se iban a mudar a causa del trabajo o los problemas personales que tenía el Papá. Estos sucesos representaron un enorme cambio en la monotonía de mis días, y yo observaba todo por el rabillo del ojo con avidez. ¡Estaba entusiasmada! Nos quedamos con solo unos cuantos sirvientes que ayudaron a cerrar la casa. ¿Acaso esto podría significar que regresaría a mi hogar? El pensamiento era emocionante; apenas me atrevía a considerarlo.

No podía esperar para reunirme con mi familia, especialmente con mi hermanita pequeña. Me parecía que había transcurrido una eternidad desde que los había visto por última vez. No sabía si seguían viviendo en el mismo apartamento, pero no me importaba; si podía estar con ellos, no tenía importancia que viviéramos en un agujero.

Un día, no mucho después, la Mamá dijo: "Tus padres vendrán mañana". ¡Estaba impaciente por verlos! Cuando mi madre llegó, me dio un abrazo, pero tanto ella como mi padre tenían expresiones cautelosas. Todos nos dirigimos a la cocina, donde la Mamá dijo: "Ella todavía no ha pagado la deuda de su hermana. Nuestra familia se va a mudar a Estados Unidos y necesitamos llevar un sirviente. Esa persona será la chica".

La chica, por supuesto, era yo. No tenía idea de lo que eso significaba. Tenía diez años de edad, pero nunca había ido a la escuela. No sabía qué era Estados Unidos, o dónde quedaba. Para mí, bien podría haber estado a dos horas de camino en automóvil. Pero la distancia no importaba: estaba devastada porque debía permanecer con mis captores.

La mayoría de las otras personas que habían trabajado o vivido en la casa se había ido con sus familias. ¿Por qué yo no podía irme también?

Me sentía bastante preocupada con respecto a viajar a Estados Unidos. Todo lo que había visto al respecto había sido en las noticias. No entendía que era otro país, pero sí me daba cuenta de que era un lugar diferente de donde me encontraba ahora. A lo largo de los años mis captores, su familia y sus amistades a menudo habían comentado qué mal sitio era Estados Unidos, y yo me preguntaba con cierto desasosiego por qué iríamos allá.

Entonces la Mamá les entregó a mis padres una serie de documentos. "Nos iremos solo por unos meses", dijo. Luego me pidieron que saliera de la habitación, mientras ellos continuaban hablando.

Después de que mis padres se fueron, la Mamá me mandó a que me cortaran el pelo. Esa fue la primera vez que estuve en un salón de belleza. De hecho ni siquiera sabía que tales sitios existían. La experiencia fue traumática, porque para entonces mi cabello estaba muy largo, llegaba casi hasta mis rodillas. Luego del corte, apenas alcanzaba la mitad de mi cuello. Y como mi pelo natural es rizado, me lo alisaron con un producto químico, probablemente en un intento por alterar mi aspecto.

Lloré y lloré, porque adoraba mi cabello. No quería que me lo cortaran, pero la señorita del salón había recibido instrucciones de la Mamá, lo cual significaba que yo no tenía alternativa. De vuelta en casa, la Mamá vio mis lágrimas y me pidió que "lo superara". Después me puso una blusa que pertenecía a su hija menor. Era roja y tenía florecitas minúsculas. A mí nunca me había gustado el rojo. Finalmente, me presentaron a un hombre llamado Aymen, quien indicó: "OK, vamos. Hay que empezar".

No comprendía. ¿Empezar qué? ¿Adónde íbamos? Me sentía nerviosa cuando salí con él, pero ¿qué podía haber hecho? Mis padres, la Mamá y ahora este hombre habían intentado explicarme lo que iba a suceder, pero no tenía idea de lo que era el océano, los aviones, otros países o costumbres distintas de las que tenía en Egipto. Mi conocimiento sobre la vida más allá de la mía era limitado; no había manera sobre que entendiera lo que estaba sucediendo, pese a que sabía que no volvería a casa para estar con mi familia. Eso lo comprendía con certeza, y para mí era lo único que importaba.

Aquí menciono al hombre por su nombre de pila, Aymen, pero siempre pienso en él como "el hombre con quien vine". Primero me llevó a su casa y me mostró la habitación de su hija. Era una vivienda normal, y el dormitorio era bastante común, como suelen ser los de las niñas.

"Cuando vayas por tu pasaporte, si te preguntan algo, tienes que describir esta casa y esta habitación", me dijo. Yo ni siquiera sabía qué era un pasaporte.

Después fuimos a la casa de un hombre que me pareció taimado. No puedo decir con exactitud por qué, solo que tenía un aspecto deshonesto. Ya no puedo describir cómo era, pero aún siento el intenso desasosiego que experimenté en su casa. Aymen le dijo: "Soy el padrino de la niña y estoy en proceso de adoptarla". Aunque las palabras eran nuevas para mí, yo no le creí. Sabía que Aymen lo había dicho solo para obtener lo que quería, que aparentemente era que el hombre me tomara una fotografía… luego de darle dinero. Después de discutir un poco, Aymen le entregó más dinero y nos fuimos con un documento que más tarde descubrí que era una visa de tres meses para Estados Unidos. Aymen me llevó de regreso a la casa de mis captores.

Poco después, la Mamá y los niños viajaron a Estados Unidos. Pasaron varias semanas, durante las cuales el Papá, una sirvienta mayor y yo fuimos las únicas personas en aquella enorme, gigantesca casa. Comencé a preguntarme qué sucedería conmigo.

Un día me sorprendí al encontrar a mis padres en la puerta. Mi mamá había empacado mi escasa ropa en una maleta que habían conseguido para mí, y agregó una foto de mi familia. Luego, ella y mi padre pasaron la noche conmigo, en el quinto piso. Yo estaba emocionada de que ambos estuvieran ahí. ¡Quizá después de todo sí íbamos a permanecer juntos!

A la mañana siguiente subí a un auto junto con ellos y fuimos al aeropuerto en El Cairo. No comprendía lo que estaba pasando. No sabía que estaba dejando para siempre el hogar palaciego de mis captores, o que iba a volar al otro lado del mundo. Tampoco tenía la menor idea de que aquella sería la última vez que vería a mi mamá y a mi papá. Antes de ingresar al aeropuerto nos encontramos con Aymen.

"Adiós. Te queremos. Hablaremos por teléfono y te veremos pronto", me dijeron mis padres.

Nunca supe si ellos me mintieron intencionalmente o si mis captores no les habían dicho toda la verdad. Estaba dejando Egipto para siempre.

Luego de un largo vuelo aterrizamos en la ciudad de Nueva York. Aymen no se había sentado conmigo; sino en el frente del avión y yo había viajado en uno de los últimos asientos de atrás. Nadie se había tomado el tiempo de explicarme nada acerca del vuelo. Solo capté la idea. Ya había visto aviones sobrevolando mi cabeza, pero no sabía nada acerca del cambio de presión en la cabina mientras la aeronave se eleva, o de que puedes oír y sentir el crujido del mecanismo de las ruedas cuando estas se acomodan debajo. Había estado desconcertada durante el viaje, pero no sabía lo suficiente como para asustarme.

Tampoco estaba preparada para las veintitantas horas de vuelo o la inmensidad interminable del océano. No sabía leer y no tenía juguetes que llevar conmigo. Sin nada que hacer, pronto me quedé dormida. La experiencia entera había sido demasiado para procesarla y estaba agotada.

Después de que aterrizamos en Nueva York, Aymen y yo transbordamos a otro avión. En el camino hacia la nueva sala pasamos por hileras y más hileras de ventanas, pero casi ni las noté, porque estaba abrumada por la agitación del aeropuerto y la extraña lengua que, más tarde supe, era inglés. Y la ropa. No podía creer lo que veían mis ojos. Estaba sorprendida de que en Estados Unidos las mujeres usaran pantalones y además no llevaran velo en la cabeza.

Sin embargo, lo que más me asombró fueron las personas de ascendencia asiática. Jamás había visto un asiático antes. No sabía siquiera que tal tipo de gente existiera. Había visto unas cuantas personas de tez blanca en las noticias, cuando me había topado con alguno de los muchos televisores que tenían mis captores, pero el llamativo y exótico aspecto de la gente de China, Japón y otros países asiáticos era intrigante. Estar en el aeropuerto era como haber caído en un universo alterno; así de diferente resultaba Estados Unidos para mí.

Quizá podía haber abierto la boca ahí mismo. Tal vez podría haberme aferrado a la pierna de alguna de las mujeres sin velo que pasaban y contarle mi situación. Pero no hablaba inglés. Tenía miedo de alejarme de Aymen porque me habían dicho que a mis padres, mis hermanos y hermanas les ocurrirían cosas malas si yo no le obedecía. Por eso no busqué rostros amables en el aeropuerto, por eso no me aferré a ninguna mujer. Estaba resignada. Resignada a dejarme llevar, resignada a este nuevo país y a una vida de arduo trabajo.

Ahora puedo volver la vista atrás y ver cuán terriblemente mala era mi situación. Una niña de diez años debería bullir llena de vida. Debería tener muchos amigos, aprender cosas importantes en la escuela y ser arropada en la noche por unos padres que la amen. Yo me perdí todo eso; supongo que fue bueno no haber tenido idea de lo que le faltaba a mi vida.

El vuelo de Nueva York a Los Ángeles no fue tan largo como el anterior, pero me pareció que lo era. De nuevo me senté en la parte de atrás, mientras Aymen lo hizo en el frente. Cuando aterrizamos en California, el 3 de agosto de 2000, de alguna manera supe que había concluido el traslado. Me alegraba, porque el viaje entero había tomado casi un día y una noche completos.

Nunca había oído hablar de las zonas horarias, así que estaba doblemente desorientada con el *jet lag* y el cambio de hora. Dependiendo de si está en curso el horario de verano, El Cairo está nueve o diez horas adelante de Los Ángeles. El trayecto entre El Cairo y Nueva York dura casi doce horas. Entre el tiempo que tomó llegar al aeropuerto, los dos vuelos y la espera entre ambos, había estado viajando al menos durante veintidós horas.

Antes de que pudiéramos reunirnos con la Mamá y su hija mayor, teníamos que pasar por Migración. Ahí, mientras inspeccionaban nuestra documentación, un agente me miró raro. Se demoró muchísimo con mi pasaporte y mi visa antes de hacerme una pregunta.

En voz baja, Aymen me indicó: "Sonríe". Y sonreí. Luego le explicó al agente: "Estoy adoptando a esta niña y la llevo a Disneylandia". Más tarde supe que Aymen le había dicho al agente que yo no hablaba ni entendía inglés.

Muchas veces me he preguntado adónde me habría llevado la vida si aquel agente de Migración me hubiera interrogado, detenido o mandado de regreso a El Cairo. ¿Habría terminado volviendo con mi familia? ¿O mis padres me habrían enviado nuevamente con mis captores? Y en ese caso, ¿mis captores habrían vuelto a intentar traerme a Estados Unidos? Por supuesto, jamás tendré respuestas para esas preguntas, pero por muchos años le he dado vueltas en mi cabeza a esas ideas.

El nuevo hogar de mis captores estaba en un exclusivo barrio privado, en la ciudad de Irvine, pero no se parecía nada al que habían dejado en Egipto. En vez de cinco pisos, esta casa tenía solo dos. En lugar de muchas hectáreas, era solo un terreno pequeño. Más que una cantidad interminable de habitaciones, esta vivienda tenía apenas cuatro: la principal, una para las dos hijas mayores, otra para los gemelos y la última, para la hija menor.

Yo dormía en una pequeña despensa, sin ventanas, dentro de la cochera de tres plazas. Allí había un colchón grande que descansaba sobre una estructura metálica baja. No había lugar para mi ropa, así que se quedó en la maleta. Como no había calefacción ni aire acondicionado, era un lugar demasiado caliente o demasiado frío. El aire circulaba poco, lo que me dificultaba respirar, incluso si dejaba entreabierta la puerta que daba al garaje. Jamás había visto una casa que tuviera esa clase de acomodo en la cochera, y ahora me pregunto si mis captores ordenaron que la construyeran para mí cuando compraron la casa, antes de que yo llegara.

Al principio había luz en mi pequeña habitación, pero al cabo de unos meses el foco se fundió. Yo no tenía estatura suficiente como para cambiarlo; el cuarto quedó muy oscuro a partir de entonces. Acostarme en la sofocante negrura se convirtió en algo que me atemorizaba, y hasta la fecha siempre dejo una luz encendida durante la noche. La oscuridad total me remite a las horas terribles que pasé en ese lugar, y son recuerdos que preferiría no tener.

Los parientes de la Mamá, Nebit y su esposo Sefu, vivían en la casa vecina. Habían viajado con mis captores, pero no había espacio para ellos en esta casa. Nebit venía casi todos los días, y ella y la Mamá pasaban mucho tiempo juntas, igual que en Egipto. Nebit y Sefu no tenían sirviente propio, así que mi trabajo era asegurarme de que ambas casas permanecieran impecables, así como hacer de niñera de los gemelos.

Cuando acababa de llegar, todos los miembros de la familia se portaron más o menos amables conmigo. Los niños realizaban algunas tareas con regularidad, como mantener en orden sus habitaciones. Me dijeron que mi único trabajo era limpiar los baños. Pero lo que se suponía que debía hacer y la magnitud de lo que en realidad hacía eran cosas muy diferentes.

En la mañana me levantaba temprano, antes que todos. Nadie me había dado nunca un reloj, y en Egipto me despertaba otro sirviente. Ahora se suponía que debía levantarme sola. Nunca dormía bien, pero en las raras ocasiones en que no estaba de pie al amanecer, uno de los gemelos venía a buscarme.

Cuando despertaba por mi cuenta, como sucedió casi siempre, por lo general tenía que llamar a la puerta que comunicaba la cochera con la casa, pues la familia a menudo la cerraba con llave por la noche. Que la puerta estuviera cerrada implicaba una dificultad para mí, pues yo usaba el baño que estaba dentro de la casa, junto al despacho del Papá. Si necesitaba ir durante la noche, no podía. Tenía que esperar hasta la mañana.

Una vez que los gemelos se levantaban, yo planchaba la ropa que llevarían a la escuela ese día. Me aseguraba de que ambos se asearan, y luego despertaba a la hija menor. Después de que ella elegía la ropa que se pondría, yo se la planchaba. Luego preparaba sus desayunos —y sus almuerzos— antes de despedirlos para que se fueran a la escuela. Jamás se me ocurrió salir por aquella puerta junto con ellos; yo era Shyima, la niña estúpida, la esclava.

Para entonces las dos hijas mayores, que cursaban la escuela secundaria, ya se habían levantado. Las primeras palabras que les dirigía cada mañana eran: "¿En qué puedo ayudarte?". Después planchaba su ropa y les preparaba el desayuno con café, jugo, huevos, cereal y tocino.

Para ese momento ya me habían interrumpido al menos una docena de veces. Una hija reclamaba que no le había planchado algo correctamente y la otra me pedía que buscara su bolso o sus llaves.

Cuando ellas se iban a la escuela, comenzaba con la planta baja. Primero limpiaba la sala de estar que se encontraba junto a la cocina, porque ese era el primer sitio al que se dirigían la Mamá y el Papá cuando se levantaban. Luego era el turno de la oficina del Papá y el baño, seguidos de dos salas que nadie usaba. Pero la Mamá se aseguraba de que yo las aspirara y las sacudiera todos los días. A menudo decía: "No pago tanto dinero para que los muebles estén polvorientos".

Justo después del mediodía la Mamá y el Papá se levantaban. Mi primera tarea cuando eso ocurría era correr a preparar el baño de ella. Luego, antes de que los gemelos volvieran a casa por la tarde, tenía que ordenar, sacudir y aspirar las cuatro habitaciones *y* limpiar la casa vecina, la de Nebit. Con frecuencia la Mamá y Nebit recibían la visita de mujeres que habían conocido en la mezquita. No hacían más que conversar en árabe (la Mamá no sabía inglés, y Nebit solo hablaba una versión fragmentada), pero cuando venían las señoras, todo tenía que estar aún más impecable.

El trabajo nunca terminaba. Cuando estaba en Egipto tenía la ayuda de otros sirvientes, pero aquí yo era la única empleada/esclava. A los diez años era responsable de absolutamente todo.

Cuando los gemelos llegaban a casa, ya tenía listos sus bocadillos, y dado que la Mamá siempre quería que yo cocinara, comenzaba a preparar la cena. Solo en raras ocasiones la hizo ella. Cuando la familia terminaba de cenar, yo podía finalmente tomar mi única comida del día.

Y entonces era hora de preparar a los niños para que se fueran a dormir. Les sacaba sus pijamas y preparaba las camas que había tendido al empezar el día. Incluso les ponía la pasta dental a sus cepillos de dientes. A la medianoche, mucho después de que los miembros de la familia se habían dormido, yo seguía lavando platos y recogiendo lo peor de su desorden. Algunas noches me quedaba levantada hasta las dos, tres, incluso las cuatro de la mañana. Y luego todo volvía a comenzar.

Sin embargo, había algunas variaciones en mi rutina. A menudo mis captores tenían visitas de Egipto. La mayoría eran familiares y, cuando llegaban, los niños se amontonaban en sus habitaciones para hacer espacio para ellos. Dado que se trataba de un viaje largo, los invitados por lo general se quedaban más de un fin de semana. Aunque mis captores se ponían contentos de recibir a sus parientes, eso significaba que yo debía cocinar y limpiar para mucha más gente, tenía más desorden que arreglar y más ropa para lavar, secar y planchar. Siempre me alegraba cuando las visitas se iban.

En ocasiones los niños invitaban a amigos a quedarse, y cuando esto sucedía, se me ordenaba permanecer en la cocina, fuera de su vista. Al principio pensé que la familia se avergonzaba de mí y no quería que los humillara, pero luego entendí que ellos sabían que aquí, en Estados Unidos, mi situación en cuanto al trabajo doméstico era inaceptable. Eso salió a relucir todavía más cuando, en una ocasión, me dijeron que debía ocultarme en la despensa. Yo amaba pero a la vez odiaba esos recesos en los cuales podía descansar, porque sabía que el trabajo que era mi responsabilidad aún tenía que hacerse; cada minuto que pasaba escondida era un minuto que no dormiría esa noche.

Otra razón por la que odiaba la despensa era porque ahí no circulaba el aire. Estaba caliente y recargado, y yo tenía que esforzarme por relajarme para poder respirar.

Aunque no me gustara, tenía muchos motivos para estar ahí. En cierto momento la Mamá me dijo que si cualquiera fuera de la familia o sus visitas de Egipto me veía, me darían una paliza, y mis parientes también la recibirían y jamás volvería a verlos. Pronto aprendí a ocultarme cuando alguien venía a la casa. A veces no me escondía suficientemente rápido, o no me había enterado de que alguien más estaba en la casa, y algún invitado alcanzaba a verme. Cuando esto sucedía y las personas preguntaban quién era yo, les decían que era una prima que venía de visita de Egipto.

A pesar de todo esto, me tenían suficiente confianza como para dejarme llevar a los chicos a un pequeño parque al otro lado de la calle. Había columpios, entre otros juegos, y los gemelos, que ya tenían siete años, la pasaban muy bien ahí. Sin embargo, a mí no se me permitía jugar, y debía sentarme en una banca y vigilar a los niños. Me pregunto si mis captores sabían lo raro que se veía eso. Yo tenía diez años, pero era pequeña y parecía mucho más joven. Era una niña que debía estar jugando, pero no podía recordar la última vez que lo había hecho.

Esta fue la primera vez que estuve en un parque. Cuando vivía con mi familia en Egipto, jugábamos solo en las calles o en terrenos baldíos. Ni siquiera estoy segura de que en la zona donde yo vivía hubiera algo similar a un parque.

La primera vez que llevé a los niños fue también la primera vez que salí de la casa de mis captores. Había silencio, y eso me sorprendió. Circulaban pocos autos en la calle y aun menos gente caminaba por ahí. En la mansión de Egipto estaba acostumbrada al silencio del exterior, porque no había edificios cerca, aparte de las viviendas de los sirvientes. Mi otra experiencia había transcurrido en medio de la ciudad, y ahí siempre había mucho ruido y actividad.

A veces las mamás o las niñeras que supervisaban a otros niños mientras jugaban se preguntaban acerca de mí. Una señora en particular me puso bastante atención. Era una hermosa mujer asiática, y después de observarme un rato, me dijo algo. Yo no hablaba inglés, así que uno de los gemelos respondió: "Es la hermana de otra mamá. Ella vive en Egipto".

Yo estaba aterrorizada y sentía que el golpeteo de mi corazón se podría ver a través de mi blusa. No supe si la señora sospechaba algo o no. Aunque deseaba salir de aquella casa, mi temor de lo que pudiera ocurrirme —y a mi familia— si la señora decía algo era tan grande, que apenas podía respirar. Comencé a reunir nuestras cosas y les pedí a los niños que volvieran conmigo a la casa, pero ellos no estaban listos; querían quedarse y jugar. Con el corazón aún galopando, le di a cada uno una botella de agua y volví a sentarme para esperarlos.

Ellos deben haber visto la larga y especulativa mirada que me dirigió la mujer, y más tarde deben haberle contado algo a la Mamá. Después de aquello solo nos permitieron ir al parque cuando previamente ella había echado un vistazo al otro lado de la calle y había comprobado que no había nadie más.

Cerca del parquecito había otro mucho más grande, con una piscina. En el verano llevaba seguido ahí a los niños para que nadaran. El hecho de que yo permaneciera en una tumbona con las toallas y la comida no me hacía destacar, porque muchas otras personas se sentaban cerca del agua en lugar de meterse. Los gemelos con frecuencia me invitaban a entrar con ellos, pero yo no sabía nadar y seguramente la Mamá y el Papá no lo aprobarían.

Además, no tenía ropa "bonita" que usar en la piscina, y siempre estaba bastante consciente de lo sucio que estaba mi atuendo. De vez en cuando sorprendía a la gente mirándome con expresiones extrañas, y eso me hacía sentir mal. Yo no hablaba nada de inglés, aunque había pescado una palabra o dos de los gemelos y observando a otros niños. "Hola" (Hi) era una de esas palabras. Con frecuencia me preguntaba cómo podría conseguir ayuda para los chicos si algo llegara a ocurrir, porque no sabría explicarle la naturaleza de una emergencia a nadie. Y luego me debatía acerca de lo que podría decir si alguien se me acercaba. Pero nadie lo hizo jamás. Todo el mundo estaba demasiado ocupado. Estaban entretenidos con la piscina y no me ponían atención. No sabía si eso era bueno o no.

Dado que no comprendía ninguna conversación a mi alrededor, comencé a estudiar a las personas: la manera en que caminaban, su lenguaje corporal, cómo interactuaban entre ellas. Aunque tenía diez años, mi interacción con los demás había sido limitada. En mi familia biológica básicamente me comunicaba con mis hermanos más pequeños y mi madre. Con mis captores rara vez veía a alguien que no perteneciera a la familia, ya fuera cercana o lejana. Por eso ir a la piscina se volvió fascinante para mí.

Desde mi silla apartaba la vista de las payasadas de los gemelos en el agua para observar cómo se comportaban las adolescentes entre sí. Si veía a un chico y una chica caminar juntos, los observaba tratando de descubrir si eran hermanos, amigos o novios. Estudiaba a las mujeres mayores, a las parejas y a los salvavidas –que de hecho eran adolescentes más grandes en un puesto con cierta autoridad. Observaba a las abuelas, a personas de diferentes razas y a los niños pequeños.

Aunque las relaciones entre la gente seguirían siendo bastante misteriosas para mí, esas idas a la piscina contribuyeron mucho a desarrollar mis habilidades sociales. Aunque no podía comunicarme verbalmente con nadie que no hablara árabe, ahora podía comprender mejor lo que la gente decía con sus ojos, su sonrisa, la manera en que caminaban y cuán cerca se paraban de la persona que tenían a su lado.

Esas salidas eran divertidas para los niños, pero aun así se esperaba que yo hiciera mi trabajo. Los días que los acompañaba, trabajaba hasta pasada la medianoche. Si alguna vez pensé que mis tareas disminuirían debido a las actividades de los gemelos, estaba equivocada. Sin embargo, nunca les mencioné esto a mis captores, porque no quería que me gritaran o, peor, que me abofetearan. Mis sentimientos no contaban, nunca lo hicieron. Yo solo era Shyima, la esclava estúpida. Yo no existía.

CAPÍTULO CINCO

Un día caí enferma con una terrible infección de las vías respiratorias superiores. No sé si fue un gran resfriado, influenza o un estreptococo, pero me sentía terrible. Tenía fiebre alta, tos, congestión nasal, me dolía todo el cuerpo y estaba débil y aturdida. Le dije a la Mamá que no me sentía bien y ella solo respondió: "Oh, a todos les pasa eso", e ignoró mi preocupación.

Nunca había padecido nada que se comparara con esta enfermedad y no había nadie que me dijera qué era. Por eso no pensé demasiado en ello… hasta el día siguiente. Al despertar me sentía mucho, mucho peor. Para el segundo día estaba afónica y me dolía tragar. Imagínense: para completar el resto de mis síntomas; además jadeaba, estaba congestionada y la fiebre era aún más alta que el día anterior. La Mamá no me dio reposo alguno, lo que significa que no tuve tiempo para descansar y recuperarme. No solo eso, se negó a reconocer que estaba enferma y no quiso darme ningún medicamento, como un antihistamínico, una aspirina o jarabe para la tos.

Empecé a llorar. No había nadie que me apoyara, que me guiara, y como nunca había estado tan enferma, no entendía qué estaba pasando con mi cuerpo. Desde que empecé a vivir con mis captores, siempre había tenido cuidado de cumplir las reglas. Quería hacer el mejor trabajo posible, porque continuamente me amenazaban con hacerle daño a mi familia biológica –y con golpizas y cárcel para mí– si no era la esclavita perfecta. De hecho, tenía tanto miedo de meterme en problemas por cualquier pequeña falta no intencional que temblaba con frecuencia, en especial cuando la Mamá estaba cerca.

Sin embargo, ahora que estaba sumamente enferma, supe que si quería hacer algo por mí tenía que ser valiente y salir de los rígidos límites que me envolvían. También entendí que debía ser sigilosa. Por enfermedades familiares anteriores, sabía que la Mamá guardaba medicamentos en un botiquín grande dentro de su baño. Yo, desde luego, no sabía leer árabe y mucho menos inglés, lo que significa que no podía comprender cuáles eran las medicinas o para qué se usaban. Excepto una.

Cuando las hijas se enfermaron, algunas veces las vi tomar algo que, hoy lo sé, era *DayQuil*. Identificaba en qué parte del gabinete estaba y qué aspecto tenía. Venía en pequeños sobres y la caja quizá contenía unos diez. ¿Si tomaba uno la Mamá se daría cuenta de que faltaba? Estaba aterrorizada, pero debía correr el riesgo.

Esperé hasta que ella estuviera ocupada en otra parte de la casa antes de ir a limpiar su baño. Luego, con rapidez y cuidado tomé un sobre de la caja del medicamento, cerré silenciosamente la puerta del botiquín y subí por las escaleras hasta otro baño. Ahí, con los dedos temblorosos, abrí el sobre, tragué la pastilla y bebí un poco de agua. Luego descarté la envoltura junto con el resto de la basura, la saqué del cesto y bajé a arrojarla en el contenedor grande del garaje. No sé si fue el miedo o mi enfermedad, pero mi corazón latió deprisa durante todo el proceso.

El remedio ayudó un poco, pero pasó más de una semana antes de que me sintiera mejor. Ahora entiendo que yo tenía el sistema inmunológico débil. Ello puede deberse a la genética o a que no pude tener una alimentación balanceada cuando era joven. O puede ser que, como estaba sobreexplotada y desnutrida, mi cuerpo nunca fue capaz de recuperarse por sí mismo. Cualquiera que sea la causa, desde entonces es común que cada año, en mayo o junio, contraiga una gripe muy fuerte. Mi garganta se inflama y con frecuencia me pongo tan enferma que deben hospitalizarme.

Hoy estoy agradecida por los servicios de salud, por los médicos profesionales que me atienden y por los amigos que se preocupan por mí y me apoyan, porque sé muy bien cómo es no tener esto. Es muy fácil dar estas cosas por sentadas, pero yo nunca lo hago. Jamás.

Al igual que en Egipto, los días en Estados Unidos pasaban y pasaban. Cumpleaños y festividades iban y venían. El año escolar comenzó y terminó. Yo había dejado de pensar en un futuro lejos de mis captores y sus hijos prepotentes. Solo quería llegar al siguiente minuto, la siguiente hora, el siguiente día. Algunas personas se habrían refugiado en la religión para buscar consuelo, pero hasta eso me fue negado.

Cuando vivía con mi mamá y mi papá, no éramos muy religiosos. Éramos musulmanes –como la mayoría de la gente en nuestra ciudad–, pero solo íbamos a la mezquita los días de celebración, aunque mi mamá siempre parecía estar rezando. Mis captores, sin embargo, hacían muchos gestos huecos para practicar su fe musulmana.

La familia que me tenía cautiva iba con frecuencia a la mezquita para rezar. Yo pensaba mucho en el hecho de que ellos actuaban religiosamente, citaban al profeta Mahoma a la menor provocación y leían el Corán a diario, pero nunca hicieron un favor y eran irrespetuosos con los demás. Ni una sola vez fueron amables con otros. Hasta ahora me sorprende que trataran a la gente como basura y aun así rezaran con sus abalorios varias veces al día. Yo suponía que, obviamente, los rosarios de cuentas no estaban funcionando.

El comportamiento que tenían durante el mes sagrado del Ramadán era un ejemplo de cómo eran. El Ramadán se celebra durante el noveno mes del calendario anual islámico y, entre otras cosas, se supone que los fieles deben ayunar desde el amanecer hasta la puesta de sol. Los creyentes deben abstenerse de comer, beber, fumar y maldecir mientras dure la luz del día, pero nunca vi mucha evidencia de ello en esa familia. Sí, había menos comida y acudían a la mezquita con mayor frecuencia, pero eso era todo. Seguían siendo la misma gente exigente y déspota.

Aunque la religión no fue parte importante de mis primeros años de niñez, encontraba confianza y consuelo en ella, y era triste que mis captores no me dejaran participar en ninguna de sus tradiciones religiosas. Nunca me permitieron ir a la mezquita.

Si no hubiera estado completamente exhausta al final del día, habría tratado de mantener algunas de mis tradiciones religiosas. Pero siempre estaba agotada mental y físicamente, a tal punto que no tenía fuerzas ni siquiera para pensar en ello. Un día, sin embargo, mi fe musulmana resurgió en forma inesperada. Ese día se quedaría grabado para siempre en la mente de las personas como el "11/9".

Esa mañana yo estaba en la cocina cuando la hermana mayor gritó "¡Dios mío!", mientras miraba la televisión. Después de eso hubo más gritos y alaridos, suficientes para que la Mamá y el Papá bajaran de su habitación. Estaban viendo los terribles eventos que mostraba el canal de noticias árabe y yo pude captar parte de lo que estaba ocurriendo, aunque no comprendía demasiado. Entendía las palabras en árabe, pero no el contexto en que las estaban diciendo.

Esa fue la primera vez que vi a la familia temblar. Estaban desconcertados por lo que habían hecho los terroristas y pronto se llenaron de temor. Después del 11 de septiembre de 2001 parecía como si todos los estadounidenses vieran con recelo a cualquiera que pudiera ser del Medio Oriente. Aunque Estados Unidos se fundó bajo el principio de la libertad religiosa, no era buen momento para ser musulmán.

En los días y semanas posteriores al ataque, la familia se quedó la mayor parte del tiempo en la casa. Cuando la Mamá salía a comprar alimentos –pues finalmente tenía que hacerlo– se quitaba el velo. Sin embargo, no dejaba su cabello totalmente descubierto. Usaba un sombrero. Hay mucha gente hispana en el sur de California, y creo que ella trataba de mezclarse con esa población. La hija mayor se negó a quitarse el velo, y tuvo grandes pleitos con la Mamá. Eso se convirtió en un motivo de peleas frecuentes, pero cuando pasó el impacto inmediato del 11/9, la cantidad e intensidad de las discusiones fueron disminuyendo.

No obstante, me resultaba interesante que mis captores no parecieran mostrar compasión alguna por las miles de víctimas del atentado o por sus familias. En cambio, les preocupaba que algo pudiera ocurrirles a ellos. Tenía que recordar que estábamos en Estados Unidos en primer lugar porque el Papá se había metido en graves problemas en Egipto y que había sido más seguro para él y su familia abandonar el país. Ahora les preocupaba que pudieran deportarlos. De hecho, estaban tan temerosos de salir de la casa que dejaron de ir a la mezquita. Yo sabía que si una familia tan religiosa como esta tenía tanto miedo, la situación debía de ser grave.

En cuanto a mí, cuando finalmente comprendí lo que había sucedido no podía creerlo. ¿Cómo puede alguien de cualquier fe ser tan desalmado como para matar a tanta gente? Estaba más allá de mi comprensión en ese momento y lo sigue estando ahora. Aunque yo tenía problemas con muchos aspectos de la cultura musulmana, sabía que ser musulmán no se trata de destrucción, sino de amor y de servir a Dios. Estos monstruos, que cambiaron el curso de la historia, no son representativos de la gran mayoría de quienes siguen nuestra fe. Desde entonces he aprendido que hay pequeños grupos de extremistas en muchas religiones.

Uno de los problemas que tuve con la fe musulmana y con la cultura árabe en general fue que ambas son patriarcales, lo cual significa que el hombre de la casa da las órdenes. Muchos hombres, incluida la mayoría de aquellos con los que he tenido contacto hasta ahora, interpretaban esto como mandar con puño de hierro. Se enojaban rápidamente, y el resultado de ese enojo era abuso verbal y físico en contra de quien se encontrara en su camino.

No me di cuenta de ello entonces, pero mis primeros años, y luego el tiempo con mis captores, me convirtieron en una mujer emocionalmente fuerte. La gran responsabilidad de cuidar de mis hermanos a una edad tan temprana me hizo capaz de valerme por mí misma, y desarrollé una peculiar serie de habilidades para sobrevivir. Por eso, al paso del tiempo empecé a ver a esos hombres árabes enojados más como personajes de caricatura engreídos que como gente digna de respeto. Sin embargo, estos personajes son peligrosos, y yo tenía todo el cuidado posible de permanecer lejos de ellos.

En ese momento no tenía conocimiento alguno de otras religiones, con la excepción de que sabía que en Egipto había gente judía. Sin embargo, mis padres consideraban que los musulmanes no debían relacionarse con ellos, y ese sentimiento había hecho eco en nuestro vecindario. Después de mis largas jornadas, cuando finalmente podía recostarme en mi cama, en la reducida y mal ventilada habitación de la cochera, rezaba al Dios de todas las religiones. Le rogaba: "Por favor, deja que me vaya a casa. Odio la forma en que la gente me trata aquí. Extraño a mi familia. Por favor, déjame ir a casa".

La mayoría de las noches me quedaba dormida diciendo esas palabras una y otra vez en mi cabeza. Conforme transcurrían los días, las semanas y los meses, comencé a creer que Dios no me amaba porque en mi mundo nada cambiaba. No me enviaban a casa y la familia me daba el mismo maltrato. La Mamá era la peor. Era brutal. Si bien todos sabían que yo estaba allí para ocuparme de cualquier cosa que desearan, ella era la que sabía mejor cómo usar ese poder en mi contra. Me hacía sentir como si no fuera nadie, y yo era demasiado joven e ignorante como para tener habilidades que me permitieran superar esa clase de pensamientos negativos. Los odiaba a todos, pero sobre todo a ella.

Empecé a pensar que nunca sería capaz de dejar a esa familia, que nunca tendría una vida propia. En aquel tiempo no experimenté un solo momento de felicidad. Ni uno. Como resultado, no tenía sentimientos ni emociones durante el día, pero mi inconsciente debió de haberse sobrecargado, porque la mayoría de las noches soñaba pesadillas terribles.

Una de ellas se quedó en mi mente y aún la recuerdo. Estoy en Egipto con mi mamá. Nos encontramos en medio de la calle, y allí hay una alcantarilla. En mi sueño ella levanta la tapa metálica, me mete adentro y cierra. Está oscuro y húmedo a mi alrededor, y yo grito y grito. Tengo miedo, no entiendo por qué me ha hecho eso. A la manera extraña de los sueños, aunque estoy atrapada dentro de la cloaca, también puedo ver afuera. Veo a mi mamá tomar una cobija que teníamos en nuestro apartamento —con cuadros blancos, azul claro y azul oscuro— y colocarla sobre la tapa de la alcantarilla. Invariablemente, cuando despierto de ese sueño siempre estoy llorando.

Aunque lloraba durante o después de esa pesadilla, no había nadie que me escuchara o me consolara. Me levantaba con esas horribles imágenes en mi mente, cubierta de sudor y con el corazón latiendo con fuerza. Entonces me sentaba en la oscuridad y me cubría con los brazos, mientras me caían las lágrimas.

No hace falta ser un genio para ver la correlación entre mi sueño y mi vida real. En esencia, en ambos escenarios mi madre me abandona y me deja atrapada en una vida que yo no quiero vivir. El resultado fue que empezó a darme terror ir a dormir y nunca descansé bien. Eso es algo que continúa hasta hoy.

El recuerdo de mi familia fue lo único que me ayudó a seguir adelante en esos tiempos duros, aunque con frecuencia me sentía llena de odio hacia mi mamá y mi papá. Pensaba que debieron luchar más por mantenerme en Egipto. Debieron tratar de rescatarme de mis captores. Pero no lo hicieron. Desde su perspectiva, lo que había ocurrido conmigo era "desafortunado", pero era una parte de la vida que ellos aceptaban.

Nunca entendí qué parte de mi vida como esclava podría ser aceptable. Muchas veces la Mamá me dijo: "Mira todo lo que estamos haciendo por ti. Vives en una casa rica con un techo firme sobre tu cabeza, y te brindamos un ambiente feliz. Eres una niña afortunada". Me hubiera gustado que estuviera en mi lugar por un día. Quizás entonces no habría dicho cosas tan ridículas.

Aunque la rabia por mi situación llenaba lentamente mi ser, por fortuna no tenía mucho tiempo para pensar en ello. Estaba demasiado ocupada siendo maltratada, levantándome temprano y escuchando gritos. Como ahora era la única sirvienta de la casa, no había nadie más a quien culpar si algo salía mal. Eso me enfurecía, y me pregunto cómo pude contener todo mi enojo. Pero lo hice.

Creo que la única forma en que logré conservar algo de dignidad y conciencia de mí misma fue gracias a las pocas horas que tenía para mí en medio de la noche. Ese era mi tiempo, y finalmente podía bajar la guardia y ser yo. Durante el día tenía que ser sumisa, mantener la mirada baja y sonreír, aun cuando estuviera hirviendo por dentro. Esa no era yo. Por naturaleza soy una persona que dice lo que piensa. Tengo pensamientos e ideas bien definidos, y antes de ir a vivir con mis captores casi siempre compartía mis sentimientos con la gente que me rodeaba.

Ahora, en medio de la noche, pensaba sobre todo en mis hermanos menores. Me las arreglé para conservar la foto de mi familia que mi mamá metió en mi maleta en Egipto, y con frecuencia la sostenía y rozaba ligeramente con los dedos los rostros de mis hermanos pequeños. ¿Dónde estaban? ¿Qué estarían haciendo? Odiaba no formar parte de sus vidas. Aun cuando había estado a cargo de ellos, ese había sido mi tiempo de diversión, mi tiempo de "niña". Con ellos había tenido la libertad de moverme por el vecindario, la libertad de jugar, de escoger. Todo eso se había ido.

Esas horas nocturnas eran el único tiempo que tenía para ocuparme de mis necesidades: bañarme, lavar mi ropa, etcétera. No tenía permitido usar la lavadora ni la secadora de la casa. Eran para la ropa de la familia. Además, poco después de que llegué, la Mamá había dicho: "Estúpida, tu ropa es demasiado sucia para nuestros aparatos". Por eso en las noches yo lavaba mi camiseta, mis pantalones y mi ropa interior en una cubeta en la cochera. Luego, en la oscuridad de la noche, los colgaba para que se secaran en un tendedero del patio.

Cuando la ropa ya no me quedaba, me daban prendas usadas de alguna de las hijas. Eso funcionó bien hasta que cumplí diez años y empecé a desarrollarme. Al principio no tenía un sostén, pero entonces alguien debió de haber notado que mi cuerpo estaba cambiando y la Mamá me dio un viejo sostén que ya no les quedaba a sus hijas. Tampoco era de mi talla. Estaba demasiado apretado y me pellizcaba en todos lados.

Un día, cuando tenía diez años, tuve mi primer período menstrual. Estaba haciendo mis labores cuando sentí un dolor agudo y luego algo de humedad. Nadie me había hablado jamás de estos temas, pero me lo imaginaba después de haber limpiado las habitaciones de las hijas. Aunque esperaba que mi período llegara en algún momento, no estaba preparada para el insoportable dolor que lo acompañaba. Tuve una inflamación espantosa y calambres, pero tal como ocurrió con el resfriado, no tenía permitido ningún tipo de medicamento para aliviar los síntomas.

Tan pronto como la Mamá se levantó, miré al piso y pregunté: "Señora, ¿podría usar una toalla sanitaria, por favor?". Yo había escuchado a las chicas pedírselas cuando tenían su período, y me imaginé que a mí también podría darme algunas. Me dio varias, pero no eran las mismas que usaban ella y sus hijas. Mis toallas eran de una marca mucho más barata y no se quedaban en su sitio. En una ocasión la Mamá me acusó de robar las de ella. No lo había hecho, desde luego. Le tenía demasiado miedo. En medio de sus gritos sobre lo inútil que era, la escuché decir: "Tú no mereces toallas buenas".

¿En serio? ¿Qué había hecho yo, además de ser una buena muchacha, para no merecer toallas sanitarias decentes? Estaba enfurecida y empecé a preguntarle a Dios por qué mi vida era así. Entendía que mucha gente en Egipto y en otras partes del mundo vivía como yo. Pero sabía que eso estaba mal y juré que algún día haría algo para cambiarlo. Nadie, ni una sola persona, merece que le roben su vida, su libertad.

En Estados Unidos no tenía permitido abrir la puerta: cualquiera podría estar del otro lado. Pero un día un amigo o primo del Papá llegó de visita. Trajo a su familia… y a una chica como yo, una esclava. De hecho, esa familia fue varias veces, y en el transcurso de esas visitas la muchacha me contó que estaba planeando escapar. "Sé dónde guardan mi pasaporte", me dijo.

Yo también sabía dónde tenían el mío, pero no me atrevía a irme. La amenaza de que dañarían a mi familia pesaba mucho. Aun cuando tenía conflictos con los sentimientos hacia mis padres por lo que habían permitido que ocurriera conmigo, no quería que sufrieran daño alguno. En particular me preocupaban mis hermanos menores.

Además, ¿adónde iría? No podía leer nada en inglés y solo hablaba una o dos palabras. Decir "hola" en la calle no me daría mucha seguridad ni serviría para explicar mi situación a alguien. No tenía conocimientos de la cultura local. Creía que incluso podrían enviarme de regreso con mis captores. Entonces la vida sería mucho peor que en ese momento. Pensaba que me mandarían a una prisión horrible, donde me golpearían a diario. No, no podía irme. No ahora. Ni nunca.

CAPÍTULO SEIS

Aunque no quería correr los riesgos de intentar escapar, en unas cuantas ocasiones se me presentó la oportunidad. Varias veces mis captores me llevaron de viaje con ellos. Una vez fueron a acampar a Big Bear Lake, que es un sitio vacacional popular en el Parque Nacional San Bernardino, unos 145 kilómetros al noreste de Irvine, donde vivíamos. Como no había sitio para mí en la camioneta familiar, viajé en el pequeño espacio detrás del último asiento, con el equipaje. Bueno, con el equipaje de todos los demás. Yo no tenía, y no llevaba nada conmigo excepto la blusa y los pantalones que tenía puestos.

Como podrán imaginar, iba bastante apretada e incómoda. Además, el viaje parecía interminable y el sol de verano me daba de lleno a través de la ventanilla. Con tantas bolsas comprimidas en un espacio tan pequeño a mi lado, el aire acondicionado circulaba poco.

Por la manera en que iba sentada en el suelo del vehículo, otros conductores no podían verme. Incluso si me hubieran visto a través de las ventanillas oscurecidas, dudo de que hubieran llamado a la policía. Era ilegal que yo viajara en la parte trasera; sin embargo, aunque en muchos estados las leyes prohíben que las personas vayan allí, se trata de normas que con frecuencia no se aplican. Hoy me estremezco al pensar en lo que podría haberme sucedido si nos hubiéramos visto involucrados en un accidente. Si hubieran chocado a nuestra camioneta por detrás, o si alguien hubiera golpeado el panel trasero cerca de donde me encontraba, yo no habría tenido muchas oportunidades.

Sin embargo, podía mirar por las ventanillas. Aquella era la primera vez que veía montañas y bosques, y estaba muy impresionada, especialmente por las cumbres altas. Creo que por eso ese viaje está claramente grabado en mi memoria: porque estaba impactada por los paisajes. Tuve tiempo para pensar durante el viaje; entendía que la familia iba de vacaciones, pero no sabía adónde ni por cuánto tiempo. Me había acostumbrado a ignorar el panorama general de las cosas y había aprendido a dejar que la vida se desarrollara a mi alrededor. ¿Qué opción tenía? No había nada, absolutamente nada en mi existencia que pudiera controlar.

Finalmente llegamos a una enorme cabaña, y mientras el entusiasmo de la familia aumentaba, yo descargué el equipaje y lo llevé al interior. Los niños corrían de una habitación a otra, mientras yo intentaba hacer coincidir cada maleta con la persona y la cama correctas. La cabaña era grande y tenía dos habitaciones: una para la Mamá, el Papá y los gemelos, y otra para las chicas. Había una cama para cada uno, excepto para mí, que dormí en el suelo de la habitación de las chicas, con solo una manta para taparme.

Los amigos de la familia llegaron más tarde, y cuando todos se iban a explorar durante las jornadas que siguieron, yo me quedaba en la cabaña. Todos los días me sentaba en una silla en la cocina. No había nada que comer, nada que ver, nada que lavar, doblar, cocinar o limpiar. No quería quedarme dormida, porque sabía que el Papá me abofetearía si regresaba y me encontraba durmiendo. Así que me quedaba ahí sentada, sin saber si volverían haciendo escándalo por la puerta del frente al cabo de una hora o más adelante, por la tarde.

Cuando regresaban, todos querían algo al mismo tiempo, y yo me apresuraba para atenderlos a todos. Una o dos veces, sin embargo, salí a caminar por el bosque con los gemelos, y agradecí la experiencia. Me encantaban el silencio y la quietud de los árboles tan altos, y deseaba poder quedarme ahí para siempre.

En otra ocasión la familia fue a Disneylandia. Nuestra casa en Irvine no quedaba lejos de ahí, pero el viaje de ida y vuelta hizo que el día se volviera muy largo y agitado. Mientras estuvimos en el parque temático mi trabajo era cuidar a los gemelos, darles bocadillos cuando tenían hambre y hacer fila con ellos para los juegos. No me subí a ninguno, por supuesto. Trataba de volverme invisible. Me daba miedo que alguien pudiera preguntarme por qué no participaba con los demás niños, o dónde estaban mis padres. Para entonces, tenía alrededor de once años, pero era menuda y parecía mucho más pequeña. Y mientras los niños hablaban el inglés con fluidez incluso desde que estaban en Egipto, yo seguía sin saber leerlo, hablarlo ni entenderlo.

Los chicos estaban emocionados de estar allí, pero yo no sabía qué pensar de aquello. En Egipto no había nada que se le pareciera, por lo menos que yo supiera. Para ser sinceros, Disneylandia me parecía raro. Ahí todos se comportaban como tontos, y yo no entendía cuál era el propósito. Yo cargaba las mochilas de los gemelos y esperaba. Para mí, ese era solo un lugar más. Quizá se imaginen que yo podría haber tenido algún interés en las actividades que ahí se desarrollaban, pero no lo tenía, y esto dice mucho acerca de mi estado de ánimo y de cuánto habían maltratado mi espíritu los captores.

Aunque ese viaje no despertó mi interés, ir a Sea World sí lo hizo. Ahí tuve que sentarme con el resto del público y ver los espectáculos, y amé hasta el último segundo de entretenimiento. Me encantaban el agua, los animales y la gente. Era la primera vez que acudía a cualquier tipo de espectáculo. Jamás había ido al cine ni a un concierto ni a una obra de teatro. Creo que por eso estaba enamorada de Sea World. Jamás se me había ocurrido que pudiera existir algo así.

De hecho, estaba tan fascinada allí que aprendí una nueva palabra: delfín. Además de los maravillosos espectáculos, había una sección en el parque donde se podía pagar para nadar con los delfines, y las chicas se apuntaron de inmediato. Desaparecieron en un pequeño edificio, para reaparecer unos minutos más tarde vestidas con trajes submarinos; luego se dirigieron a uno de los estanques y nadaron con los delfines. Mi tarea era grabarlas en video mientras estaban en el agua. Nunca antes había usado una máquina filmadora, pero el Papá la encendió y me la entregó. Entonces miré por el visor y grabé a las chicas divirtiéndose por toneladas.

Años más tarde aquel video se convirtió en uno de los que se usaron en el caso judicial contra mis captores. Aunque yo nunca aparecía en la escena, se podía escuchar mi voz, y el video y el audio mostraban claramente que yo no formaba "parte de la familia". Mis captores les habían dicho a las autoridades que lo era.

La Mamá o el Papá grabaron también otros eventos aquel día. En una toma, yo estaba sentada junto a sus hijos, y me reí junto con ellos por las cosas que estaban sucediendo en el estanque. Mis captores utilizaron aquel único ejemplo, en que yo actuaba como cualquier niña, para tratar de convencer al gobierno estadounidense de que la familia me había tratado bien. Gracias al cielo, las autoridades pudieron ver a mis captores como lo que realmente eran.

A la Mamá y el Papá no parecía preocuparles que me vieran en público en aquellas ocasiones especiales. Al fin y al cabo, yo solo sabía tres palabras: "hola", "delfín" y "hermanastra". Ni siquiera conocía el significado de esta última palabra. Me habían enseñado a decirla en caso de que alguien preguntara por mí. "¿Qué problemas puede ocasionar con esas tres palabras?", deben haber pensado.

Una de las muchas reglas que había en la casa de mis captores era que solo se hablaba árabe. No sé si era para que los niños mantuvieran algo más de su propia cultura alrededor, si era porque la Mamá y el Papá sentían que este pequeño paseo por Estados Unidos sería breve y pronto podrían regresar a Egipto, o si era para evitar que yo aprendiera algo de inglés. En todo caso, entendí muy bien a los gemelos un día que dijeron en árabe: "Mamá, esa niña estúpida se está portando mal con nosotros". El resultado fue que me cruzó la cara de una fuerte bofetada. Esa fue una de las muchas veces que ella me pegó. Generalmente lo hacía el Papá.

En esa ocasión, me había dirigido a los gemelos en un tono un poco cortante a causa de la frustración. Era de noche. Ya había sacado sus cepillos de dientes y les había puesto pasta, como lo hacía siempre, pero cuando dije: "Niños, es hora de que se cepillen los dientes", me ignoraron. Una de mis muchas responsabilidades era hacer que ellos se ajustaran a un horario. La hora de irse a dormir era a las ocho y media todas las noches, y sabía que la Mamá y el Papá se disgustarían conmigo si no se cumplía.

"Niños, es hora de ir a la cama. Hora de dejar de ver la televisión y cepillarse los dientes", insistí. La tercera vez que hice la petición, le dijeron a la Mamá que yo era mala con ellos.

La bofetada me dolió. Lo primero que pasó por mi cabeza, sin embargo, fue que debí haberles gritado a los niños mucho más fuerte. Si me iban a abofetear por tratar de hacer mi trabajo, entonces la bofetada por perder los estribos con los niños no podía ser mucho peor.

En otra ocasión la Mamá me acusó de haber hecho algo en relación con los niños que yo no había hecho. Cuando traté de explicarle, me llamó mentirosa, me tomó del hombro y me empujó. Fuerte. Las bofetadas, los empujones y los gritos eran parte de la vida en aquella casa. Tanto ella como el Papá me gritaban constantemente.

Siempre que no hacía algo suficientemente rápido o bien, escuchaba: "¡Ese es tu trabajo! ¿Quién más va a hacerlo? Esa no es mi tarea, ¡es la tuya, niña estúpida!". A esto por lo general seguía una retahíla de palabras despectivas, como: "Tú no eres nada, nadie. Eres estúpida. Tienes suerte de estar aquí. Nadie más te querría".

La Mamá era experta en hacer que muchas de las personas que la rodeaban se sintieran como basura. De hecho, se dirigía a mí a gritos con mucha más frecuencia que hablando. Sus hijos se libraban de su mal carácter, pero reiteradas veces se encontraban en la mira de furia del Papá. Es más, yo le tenía mucho más miedo a él que a ella. Todos los días la Mamá le decía lo insatisfecha que estaba conmigo y lo mala que era mi actitud. Yo trataba de evadirlo, pero no siempre lo lograba. Cuando ella gritaba, yo podía quedarme ahí parada y aguantar. Pero cuando él lo hacía, me sobresaltaba y me encogía. No podía evitarlo. El miedo que le tenía era enorme. Una vez me golpeó tan fuerte que la cara me dolió durante días.

Conforme pasaban los meses, yo iba perdiendo noción del tiempo. No tenía idea de cuántos años había estado ahí ni de cuál era mi edad. Ni siquiera podía recordar qué día había nacido. Es cierto que ninguno de mis cumpleaños se había celebrado, aunque un día una de las hijas se portó un poco menos odiosa conmigo y me dijo que se debía a que era mi cumpleaños.

Durante todos esos años nunca vi a un doctor ni a un dentista. Nunca fui a una tienda, a un restaurante o a una biblioteca. De hecho, siempre pensé que todas las cosas que se compraban provenían del mismo lugar. Creía que había una gran tienda que tenía de todo, como Wal-Mart, pero nunca se me ocurrió que también existían otras.

No sabía cuánto tiempo había permanecido en cautiverio, pero había perdido toda esperanza de que algo en mi vida pudiera cambiar. Me había resignado al hecho de que crecería con esa familia, ocupando mi ínfimo sitio en la casa.

Había muchos momentos en que odiaba a Dios, aunque oraba todos los días. ¿A quién más podía dirigirme? Hubo innumerables ocasiones en que me sentí furiosa, en que extrañé tantísimo a mi familia que no podía dormir. Algunos días deseaba patear y gritar a mis captores. Quería abofetearlos, como ellos me abofeteaban a mí. Pero nunca lo hice. Tenía demasiado miedo.

En el fondo de mi mente sabía que mantener cautiva a una persona estaba mal. Intuía que no todas las familias tienen a alguien como yo, que duerme en la cochera. Aunque no podía precisar cómo o cuándo, anhelaba verme libre de ellos y que mi vida mejorara. Deseaba con todas mis fuerzas poder volver a ver a mis hermanos. Recordaba fragmentos y detalles de ellos, y el sitio donde habíamos vivido. Algunas noches incluso soñaba con tomar un taxi que me llevara al otro lado del océano, de regreso a nuestro sobrepoblado apartamento de dos habitaciones en Egipto.

Eso nunca sucedió, no podría haber sucedido. Pero ocurrió otra cosa: alguien maravilloso —tal vez un vecino o una mamá que me había visto con los niños en el parque o en la piscina—, hizo una llamada telefónica.

Esta persona desconocida puede haberme visto a la medianoche, mientras colgaba la ropa afuera para que se secara, o a través de la ventana de la cocina a las dos de la mañana, cuando aún seguía lavando platos. Como sea que me hayan descubierto, se cuestionaron cómo me trataban e hicieron lo correcto: una llamada. Esa llamada se dirigió tanto a la sede local de Servicios de Protección a la Infancia como al departamento de policía de la ciudad. La oficina local del Servicio de Inmigración y Control de Aduanas de Estados Unidos también recibió una llamada. Esos son los individuos que hacen frente a las realidades de la trata de personas, las que rescatan a gente como yo. Y así lo hicieron.

CAPÍTULO SIETE

La mañana del martes 9 de abril de 2002 salió el sol como cualquier otro día. Era día de clases y mis captores, junto con la hija mayor, estaban arriba. Yo, como siempre, me había levantado temprano para preparar a los gemelos y a las dos niñas más pequeñas para que fueran a la escuela.

Estaba abajo cuando tocaron a la puerta. Fue un golpe fuerte, como los que se escuchan en los programas policiales de la televisión. Yo no tenía permitido contestar el teléfono ni abrir la puerta, así que ignoré el sonido. Pero luego volvieron a golpear, con tal fuerza que hicieron que el Papá bajara las escaleras. Yo ya les había servido a él y a la Mamá su café de la mañana, y sabía que estaban despiertos. Él se veía sorprendido y observó a través de la mirilla de la puerta principal. Entonces me dijo que fuera a su oficina. Fui. De todas formas tenía que limpiarla.

Cuando abrió la puerta hubo muchos gritos. Hablaban en inglés, así que no entendí las palabras, pero sabía que el Papá estaba furioso. El jaleo fue suficiente para que la hija mayor se asomara al balcón desde el cual se veía el vestíbulo. La Mamá también estaba ahí, pero todo el tiempo se mantuvo fuera de la vista, cerca del rellano de la escalera.

Yo había terminado de limpiar la oficina y me dirigía a la cocina, pero para llegar ahí debía atravesar una parte del vestíbulo. Él me había dicho que me quedara en la oficina, pero yo tenía mucho trabajo que hacer. Si me retrasaba demasiado, la Mamá me gritaría. Como ocurría en muchas situaciones en esa casa, en este caso no había salida para mí. No importaba qué hiciera: alguien se enojaría. Esperaba evitar que me abofetearan. Tenía más miedo del Papá que de la Mamá, así que regresé a la oficina.

Después escuché que cerraban la puerta con fuerza y el Papá dijo en árabe: "No tenía por qué dejarlos pasar. No tienen una orden judicial".

Yo aún no entendía que las autoridades habían ido por mí. El Papá se había metido en problemas en Egipto y pensé que la visita tenía que ver con eso, aunque no sabía específicamente qué era "eso". Pero sí sabía que mis captores pensaban que era algo malo. Ambos hablaron durante algunos minutos. Luego volvieron a golpear fuerte a la puerta. Además, esta vez tocaron el timbre. Nunca sabré por qué el Papá abrió. Debía de saber quién estaba del otro lado. Debía de saber que habían conseguido una orden judicial.

Esta vez permitieron a los agentes entrar en la casa y se pusieron mucho más furiosos que la primera vez. Hubo mucha más discusión y gritos, y me llamaron a la puerta, donde un hombre se puso entre el Papá y yo. Luego una mujer me tomó de la mano y me llevó fuera de la casa.

Cuando me sacaban a toda prisa, el Papá siseó en mi oído: "No les digas nada. Diles que no trabajas para mí". Yo estaba aterrorizada. Durante muchos años mis captores me contaron historias acerca de las cosas malas que me ocurrirían si la policía llegaba a encontrarme. Ahora esas historias regresaban a mi mente. Mi vida con ellos había sido horrible, pero me habían contado que la vida con la policía era peor, mucho peor.

Hice lo que él me indicó. "No trabajo aquí, no trabajo aquí", dije en árabe.

La mujer era amable y trató de hablar conmigo, pero no entendía árabe. Y mi inglés, a base de "hola", "delfín" y "hermanastra", tampoco servía.

Antes de que me diera cuenta, me encontraba en el asiento delantero de una patrulla con un oficial de policía. Me pasó un teléfono y un hombre me habló en árabe. Era un traductor, una persona que conoce dos idiomas y ayuda a la gente a comunicarse entre sí. Eso fue excepcionalmente aterrador para mí, y quise llorar. Por encima de mi profundo temor a las autoridades, todo en mi cultura musulmana prohibía hablar con un hombre que no fuera de mi hogar. Además, rara vez había usado un teléfono, pues también lo tenía prohibido. En este caso estaba rompiendo tres tabúes a la vez.

El hombre en el teléfono trató de convencerme de que quienes me habían librado de mis captores no eran gente mala. "Son buenas personas, y están ahí para rescatarte de la esclavitud", dijo. Yo estaba muy confundida. No sabía en quién o qué creer. Durante años me habían lavado el cerebro acerca de muchas cosas de la vida, especialmente los roles de la gente. Era difícil hacer a un lado mi visión distorsionada acerca de quiénes eran los hombres, las mujeres, los esclavos y las figuras de autoridad y cómo debían comportarse.

Finalmente me eché a llorar, y una vez que empecé no pude parar. Nunca imaginé que mi cuerpo pudiera producir tantas lágrimas. Muchas cosas cruzaban deprisa por mi mente, pero sobre todo me preocupaba lo que pudiera ocurrirme. Mi cerebro seguía aferrándose a lo que siempre me habían enseñado: "La policía era mala. Si me preguntaban, diría que era una hermanastra que estaba de visita".

Además, había pasado mucho tiempo desde que alguien me había tratado con amabilidad y respeto, y no sabía cómo reaccionar cuando los oficiales eran buenos conmigo. La casa de mis captores estaba llena de miedo, abuso, odio y constantes batallas físicas, mentales y emocionales. Apenas podía recordar cómo era un ambiente cálido, amoroso, seguro y protector.

Después de un rato me calmé lo suficiente como para decirle mi nombre al traductor en el teléfono. Luego me preguntó el nombre de mi papá y se lo dije. Me hizo algunas preguntas más, como si alguna vez había ido a la escuela y cuánto tiempo tenía en el país. La primera pregunta era sencilla. No, nunca había ido a la escuela. Ni en Estados Unidos ni en Egipto. Sin embargo, decir cuánto tiempo había permanecido en el país era otra historia. No lo sabía. Luego me sorprendí al descubrir que, cuando me rescataron, faltaban seis meses para que yo cumpliera trece años. Había permanecido en Estados Unidos poco más de veinte meses. Me habían parecido una eternidad.

Me llevaron en auto desde la casa de mis captores, en los suburbios de Irvine, California, a lo que entonces se llamaba Hogar para Niños Orangewood. Después cambió su nombre a Centro Infantil y Familiar Orangewood, pero sus servicios son básicamente los mismos. Es un albergue provisional para niños que han sufrido negligencia o abuso sexual, físico o emocional, y se ubica en Santa Ana, California. Cada año el Hogar ofrece refugio a más de mil niños que han sido apartados de las personas con quienes estaban y puestos en custodia preventiva.

El trayecto me pareció interminable, aunque no debemos haber recorrido mucho más que 25 kilómetros. No obstante, 25 kilómetros en California pueden *ser* interminables. No tenía idea de adónde iba ni qué iba a suceder. Ni siquiera comprendía que me habían rescatado, que ya no tendría que servir a la Mamá y el Papá de dieciocho a veinte horas diarias o vivir con el temor de que él o ella fueran a abofetearme, o de que sus hijos me gritaran. En cambio, dentro de la patrulla tenía tanto miedo de lo que pudiera ocurrir, que temblé durante todo el camino.

Cuando llegamos a Orangewood, me llevaron primero a la clínica, donde me hicieron toda clase de exámenes. Luego me pusieron una inyección y me vendaron la mano que me había estado doliendo por mucho tiempo. Más tarde una trabajadora social llamada Hana Hana, una mujer árabe de cabello corto oscuro y rostro amable, me dijo que estaba fracturada, aunque no recuerdo qué pudo haberlo causado.

Para ese momento, la amabilidad que todos habían mostrado me permitió relajarme un poco. No había rudeza en nadie, tampoco acusaciones ni golpes o bofetadas. Aunque no podía entender las palabras, podía captar el tono de voz y eso me hizo tener un poquito de confianza.

Luego alguien me condujo al área de alojamiento y me mostró el edificio y mi habitación. Después me llevaron a un gran baño que usaban todos en ese piso. Me bañé, y no podía creerlo cuando alguien me dio un par de pijamas. Tenían un estampado de cuadros negros, grises y blancos. Eran prendas tan frescas y limpias que no podía creer que me permitieran usarlas. Comparada con los sucios desechos que normalmente usaba para dormir, esa ropa era fantástica. He atesorado esas prendas hasta ahora, y el hecho de que aún las tenga muestra cuánto significaron para mí.

Al parecer mi larga cabellera estaba enmarañada, y otra amable mujer la cepilló por mí. No recordaba que alguien me hubiera tratado tan bien, pero ahí estaba, en un lugar donde mucha gente era maravillosa. Para ese momento me sentía abrumada y no sabía qué pensar. Seguía llorando y no podía empezar a procesar lo que estaba sucediendo. No entendía que iba a quedarme allí; no me daba cuenta de que no iba a regresar a la casa de mis captores. Era demasiado, y me sentí agradecida cuando alguien me dijo que podía tomar una siesta.

Más tarde, ese mismo día, me llevaron a una pequeña sala de reuniones y hablé en árabe con Hana Hana, quien me explicó que la gente de Orangewood era buena. "A esta gente no le gusta que maltraten a los niños o que se aprovechen de ellos. En lugar de eso, tratan de colocarlos en adopción con buenas familias o, mejor aún, reunirlos con las suyas".

Al escuchar esas palabras tuve el primer destello de esperanza. ¿Volvería a mi casa? ¿Finalmente podría abrazar a mis hermanos menores y ver a mi mamá? Toda la rabia que sentía hacia mis padres por permitir que mis captores me maltrataran se desvaneció. Quizá mis plegarias por fin habían sido escuchadas.

Después de mi conversación con Hana, un pequeño grupo de personas entró en la sala. Hana tradujo mis palabras mientras un hombre me hacía preguntas como:

"Shyima, ¿quién vive en la casa de la Mamá y el Papá?". Me quedé callada y él lo intentó de nuevo. "¿Cuál es tu función ahí? ¿Qué hacías?". Yo tenía miedo de decir cualquier cosa, así que mantuve la boca cerrada. "¿Cómo era tu vida, Shyima? ¿Cómo te trataron?".

Me di cuenta de que ese hombre no iba a rendirse. Tenía que decir algo. Mis captores me habían inculcado qué decir y hacer si alguna vez se presentaba una situación como esta, y me mantuve fiel a las instrucciones. Aunque de alguna manera sabía que esta era mi oportunidad de irme a casa, hice lo que el Papá me había indicado y dije: "Nada está mal en la casa. La Mamá y el Papá me tratan como a una hija. Todo está bien". Así de grande era el terror que aún les tenía a mis captores.

Al día siguiente todos regresaron y pusieron a mi mamá y a mi papá al teléfono. No podía creer que hablaría con ellos. ¡Los había extrañado mucho y no podía esperar a escucharlos! Pero mi emoción no iba a durar mucho. Cuando otra trabajadora social le dijo a mi papá lo que estaba pasando, él empezó a gritarme mientras ella escuchaba por otra extensión en el cuarto.

"¿Cómo pudiste dejar a esa gente que te cuidó tan bien? Esas personas te trataron bien. ¿Cómo puedes escuchar ahora a esta gente? Al dejar el hogar en el que estabas me faltaste al respeto, y provocaste que tu mamá sufriera un ataque al corazón. Debes regresar y portarte bien", gritó.

Aun cuando recordaba lo furioso que se ponía cuando yo era más pequeña, a pesar de haber visto la ira de la Mamá y el Papá, nunca había escuchado un tono tan lleno de odio de un ser humano hacia otro. Mis ojos se llenaron de lágrimas y el llanto pronto corrió por mi cara. ¿Cómo podía mi padre decir esas cosas? ¿Cómo podía querer que regresara con mis captores para vivir una vida tan terrible?

En los años siguientes solo he podido encontrar dos respuestas a mis preguntas de aquel día. Una es el dinero. Me habían vendido por una suma inferior a veinte dólares al mes. Aunque algo del dinero se había usado para pagar lo que mi hermana había robado, creo que mis padres recibían otra parte. Veinte dólares para una familia pobre en Egipto valen mucho más que aquí. Aun así, no era una gran suma.

La otra razón es el honor. Mi hermana nos había deshonrado y ahora era mi deber defender el honor de mi familia. Para la gente de Estados Unidos esto puede ser difícil de entender, pero en muchos otros países es un asunto importante.

En medio de los gritos de mi papá, reuní algo de valor y empecé a responderle, también a gritos. "¿Cómo te atreves a hablarme así? ¿Cómo te atreves a sugerir que regrese con una familia que se negó a darme atención médica, que a menudo me grita, me abofetea y me hace dormir en una cochera mientras ellos están rodeados de lujos? ¡¿Cómo te atreves?!".

Se sintió grandioso liberarme y decirle lo que sentía. Nunca antes le había gritado. Aunque era directa para hablar cuando vivía con mi familia, nunca había sido suficientemente irrespetuosa como para levantarles la voz a mis padres. De hecho, una vez que empecé no me detuve durante varios minutos. Ese ha sido el momento en que he estado más enojada.

Luego hablé con mi madre. Brevemente. Nunca supe si había tenido un ataque al corazón o no, o si yo había sido la causa de ello, pero con un tono y palabras más suaves, ella repitió las palabras de mi papá. No podía creer que ella también quisiera que me quedara. ¿Qué había hecho yo para merecer eso? De regreso en la línea, mi papá le dijo a la trabajadora social que iría por mí, pero ella respondió: "No, usted no tiene visa. No puede venir".

La verdad es que después de escuchar a mi papá vociferar, nadie en la habitación, incluida yo, tenía garantía alguna de que él no me enviaría de regreso a la esclavitud. Por eso en aquel momento decidí que no: no regresaría a Egipto. Había cortado con mis padres. Todos mis sueños y esperanzas de reunirme con mi familia habían quedado destrozados. Yo también estaba destrozada, pero no iba a volver a Egipto ni a la casa de mis captores. No, correría el riesgo con el sistema de adopciones de Estados Unidos.

Luego de que terminó la llamada, el traductor quiso hablar conmigo, pero mi mente seguía dando vueltas y me negué. En lugar de eso volví a mi habitación y me quedé ahí, sola, el resto del día.

Esa misma semana le dije a la policía sobre la niña esclava que nos había visitado con sus captores. Quería que las autoridades supieran de ella, en caso de que no hubiera podido escapar. Me mostraron fotografías de personas a las que el Papá podría haber conocido, y pude identificar al captor de la niña. Tiempo después supe que la policía había tratado de hallarla, pero cuando llegaron a la casa la familia ya había abandonado el país. De hecho, es probable que hayan huido horas después de enterarse de mi rescate. Esa chica era mayor que yo y era lista. Pienso en ella a menudo y espero que también haya encontrado la libertad.

❖ ❖ ❖

Resultó que Orangewood era un buen lugar. No era tan lujoso como la casa de mis captores, pero era, por mucho, el mejor lugar en el que había vivido como persona libre. El edificio principal, donde me alojaba, parecía una gran casa. Al entrar había un consultorio médico a la izquierda, y a la derecha se encontraba el área donde los padres podían reunirse con sus hijos. Más tarde supe que muchos de los niños habían sido alejados de sus familias por alguna razón. Pero una vez que resolvían sus problemas, los niños volvían a reunirse con mamá y papá. Otros pasaban de una casa adoptiva a otra y se quedaban en Orangewood mientras les buscaban un hogar.

En la casa donde yo estaba solo vivían niñas. Adentro había una amplia área de descanso, con una zona de juegos, cocina y comedor. Afuera, un jardín agradable y una piscina. Yo compartía la habitación con una chica a la que llamaré Autumn y que tenía más o menos mi edad. Ella era tan rubia como yo morena, pero era amigable y afectuosa y trataba de tranquilizarme cada vez que me sentía enojada o abrumada, lo que al principio sucedía con frecuencia. Como yo no hablaba inglés, no entendía sus palabras, pero podía leer bien su lenguaje corporal. Ella se convirtió en mi primera amiga verdadera.

Me gustaba la comodidad de nuestra pequeña habitación. Autumn y yo compartíamos un armario y había dos camas, cada una en lados opuestos del cuarto. Debo decir que el colchón de mi cama era el más confortable en que haya dormido jamás. Adoraba las mantas, que eran blancas con florcitas diminutas. La habitación tenía una ventana amplia para que pudiéramos ver hacia afuera, y la puerta del corredor tenía una pequeña apertura por la cual podía asomarse el personal para asegurarse de que estuviéramos bien.

Mientras estuve en el Hogar, conocí a chicos que habían pasado por toda clase de situaciones imaginables. Conocí niños maleducados o que creían que podían hacer lo que quisieran, otros que habían sufrido abusos terribles o que estaban llenos de rabia o tristeza. Incluso había una niña de diez años que estaba embarazada. Estar con toda esa clase de niños me hizo comprender que si bien pueden ocurrir cosas malas, allá afuera hay mucha gente tratando de hacer el bien. Espero que si alguien está pasando por un mal momento, si está siendo víctimas de cualquier forma de abuso, encuentre un profesor, jefe, amigo, trabajador social, consejero o pastor, una persona que lo ayude a salir de esa situación. Los distintos problemas con que llegaban los niños y el contraste con la afectuosa y servicial gente de Orangewood me convencieron de que hay mucha gente buena en este mundo.

Aunque estaba rodeada de personas amables, lloraba todo el tiempo. El horror del trauma, del abuso y de la ausencia de mi familia, combinado con la traición de mi papá, brotaba en mis lágrimas. Lentamente, a medida que los días pasaban, me di cuenta de que me quedaría en Orangewood, al menos por un tiempo. El alivio que me dio esa certeza hizo que derramara aún más lágrimas. Mis años de cautiverio habían cobrado una cuenta emocional enorme.

Una cosa que me ayudó mucho fue la rutina de Orangewood. Había tenido una en la casa de mis captores, pero esto era distinto. Cuando desayunaba aquí, no tenía que preparar la comida, ni para mí ni para nadie más. Cuando llegaba la hora de ir a la cama, tenía una de verdad, con sábanas auténticas y mucho tiempo para dormir y recargar energías para el día siguiente.

En mis primeras semanas en el Hogar me reunía con frecuencia con Hana y otros trabajadores sociales, y con agentes de policía. Entre ellos estaba Mark Abend. El nombre del puesto de Mark es agente especial supervisor de Investigaciones de Seguridad Nacional del Servicio de Inmigración y Control de Aduanas de Estados Unidos. Es lo que se conoce como agente del ICE. Él me informó que me habían sacado de la casa de la Mamá y el Papá porque alguien me vio y pensó que algo no andaba bien. Nunca iba a la escuela y trabajaba todo el tiempo. Creo que la persona que hizo la llamada pudo haber sido un vecino que me vio a través de la ventana de la cocina cuando yo lavaba platos hasta muy entrada la noche, pero nunca lo sabré con certeza. Siempre estaré agradecida de que él o ella hayan llamado a la policía.

Mark me dijo: "Después de que la policía llamó a la puerta la primera vez y le negaron la entrada, obtuvo una orden judicial y regresó. Le preguntaron a tu captor quién vivía en la casa y nombró a todos, excepto a ti. Cuando un oficial te señaló y preguntó por qué no estabas en la escuela, él respondió que no querías ir. Cuando los policías finalmente entraron en la casa, encontraron tu pasaporte y vieron que tu visa de visitante, de tres meses de vigencia, había expirado hacía casi dieciocho meses. Esos fueron los elementos para sacarte de ese lugar".

Sentada ahí con Mark, trataba de relajarme, pero no podía. Él usaba el humor para conseguir que me abriera, pero la prohibición árabe a las interacciones entre hombres y mujeres impidió que lo hiciera. No podía entender sus palabras sin un traductor, pero su aire amigable y sus expresiones faciales casi me hicieron sonreír. Casi.

Aunque apreciaba sus esfuerzos, yo tenía otras cosas en qué pensar. La escuela. Mi mayor reto en Orangewood, por mucho, era la escuela. Jamás había estado en un salón de clases, así que su funcionamiento era algo ajeno a mí. Lo más difícil era que no entendía nada de lo que se decía. Físicamente mi cuerpo estaba en la silla, pero mi mente pronto aprendió a evadirse. Imagina que no conoces las letras ni los números y que de pronto te ponen en el salón de clases de una escuela promedio en un país donde no solo no hablan tu idioma, sino que ni siquiera usan el mismo alfabeto. China, por ejemplo. Me resultaba imposible aprender en esas condiciones.

Sin embargo, no todo estaba perdido. Hana Hana se reunió conmigo muchas veces, aprendí a confiar en ella y con el tiempo llegué a considerarla una amiga. Además de las palabras que me decía en árabe, actuaba como si yo le importara, y yo apreciaba su interés por mí. Ella me apoyó e hizo su mayor esfuerzo para que mi experiencia allí fuera lo mejor posible. Hana ayudó a Orangewood a conseguir profesores y ayudantes especiales que estaban cerca de mí en el salón de clases, y esa gente me enseñó las letras, los colores y los números. Lenta, muy lentamente, empecé a captar parte de aquello.

También ella me explicó que en Estados Unidos todos tienen derechos y que todos los niños van a la escuela. Por medio de Hana entendí cuánto me habían maltratado y decidí que, sin importar qué pasara, jamás permitiría que nadie volviera a hacerlo. Ya no era una niña de ocho años indefensa e ingenua. Para entonces tenía casi trece años y había sufrido abusos de sobra. No más. Sin importar qué me sucediera en el futuro, eso se había terminado para mí. Tenía edad suficiente para defenderme por mi cuenta, para hablar y decirle a la gente lo que necesitaba. Mi trabajadora social me enseñó que en Estados Unidos la gente puede tomar sus propias decisiones. Eso por sí solo era algo que cambiaba la vida para mí.

Otro problema era que, de acuerdo con Hana, el equipo de trabajadores sociales y el personal de Orangewood yo debía estar con mis padres, pero ellos estaban en otro país. Si me enviaban de regreso, no había garantía de que no volvieran a venderme como esclava. Hana y su equipo no iban a permitir que eso sucediera. Era una sensación extraña saber que había gente que me estaba cuidando. Hasta entonces eso había ocurrido solo en raras ocasiones.

Le conté a Hana que mis hermanos tocaban mis partes íntimas y la repulsión que eso me causaba. Ella me hizo ver cuán malo e inaceptable era eso. Con el tiempo, esos dos factores me mantuvieron en Estados Unidos. Aunque mi visa de tres meses había expirado hacía mucho, y aun cuando esa visa había sido obtenida de manera ilegal, una jueza maravillosa del condado de Orange, en California, consideró que yo no estaría segura si me enviaban de vuelta a Egipto.

Varias veces Hana y yo hicimos el recorrido de cinco minutos a pie desde el Hogar hasta el juzgado tutelar donde se trataba mi caso. Otros trabajadores sociales también me representaron. En una visita la jueza me regaló un tigre de felpa. No era mi primer obsequio de ese tipo, pues una mujer en Orangewood me había dado un osito con un corazón estampado. Sin embargo, este fue especialmente importante para mí, pues los tigres son fuertes y se defienden. Ese tigre simbolizaba esperanza y un futuro mejor. Aún lo conservo, porque es un obsequio y porque lo que representa significaba algo para mí en ese entonces. ¿Y saben qué? Todavía es así.

CAPÍTULO OCHO

Estuve en Orangewood por algunos meses antes de que me asignaran un hogar adoptivo. Quizás eso haya sido bueno, porque me tomó un tiempo acostumbrarme a hacer cosas que la mayoría de la gente disfruta. Bañarme a diario era una de ellas. Al principio fue difícil habituarme a usar champú, acondicionador, pasta dental, jabón y otros productos. La mayoría de la gente considera obvias esas y otras cosas, como dormir en una habitación con ventana y luz eléctrica. Pero yo no. Y aún no lo hago.

Cuando llegó el momento de buscar un lugar para mí, fue más difícil que para muchos de los otros chicos porque no hablaba inglés. Además, estaba muy rezagada en mis estudios. Tenía trece años, pero mi nivel era probablemente de preescolar. La otra dificultad fue que el Hogar realmente se esforzaba en evaluar bien a las familias. En lugar de colocar a los chicos con cualquier persona

—como hacen otras instituciones, según supe después—, el equipo de Orangewood se esmeraba en hallar algo idóneo para sus niños. Como parte de este proceso se permitía a los chicos entrevistarse con los posibles padres adoptivos y tener la última palabra sobre si deseaban unirse a la nueva familia o no.

Cuando conocí a mi primera familia adoptiva, en el fondo sentía que estaba obligada a aceptarla sin más. Mi posible madre adoptiva y sus hijos vinieron a Orangewood y nos reunimos en el área para padres. Me agradaron. La familia era musulmana y hablaban tanto inglés como árabe, lo que era grandioso porque podrían ofrecerme un sólido hogar de transición. Yo no sabía nada de la vida en Estados Unidos. Jamás había estado en una tienda o en un restaurante y no sabía que existían lugares como las bibliotecas y los cines.

Esta familia dijo lo indicado, pero yo seguía desconfiando de la gente que no conocía, en particular de los hombres musulmanes. Hasta ese momento aquellos que había encontrado en mi vida no habían sido buenos conmigo; todos habían sido iracundos, dominantes y agresivos. Pero quería una familia. Deseaba sentir que pertenecía a algo, y cuando el equipo de Orangewood me preguntó si estaba dispuesta a darle una oportunidad a esta gente, dije: "Seguro. Vamos a hacerlo".

Mi primera familia adoptiva vivía a unos quince minutos del Hogar en coche. Era un vecindario agradable y tranquilo, con mucha gente jubilada. En nuestra casa había varios dormitorios y un baño, además de la cocina y la sala de estar.

Me emocioné al saber que tendría mi propia habitación. Allí había un juego de literas, una silla y un armario sin puerta. Era un cuarto pequeño, pero era mío y estaba agradecida por él. A un lado estaba la habitación de mi mamá y mi papá adoptivos, y detrás de esta, otro cuarto más. Para llegar a ese había que atravesar el del matrimonio y entrar por una puerta trasera. Era una distribución extraña.

Mi nueva familia incluía un papá, Ahmed, quien era originario de Medio Oriente, y una mamá, Sarah, que era estadounidense. Yo los veía como otra versión de la Mamá y el Papá. Sarah era una mujer agresiva, de estatura promedio y cabello rubio, que había sido criada como cristiana, pero se convirtió a la fe musulmana cuando se casó. Ahmed era alto y grueso, y había algo en él que me daba escalofríos. Nunca me sentí cómoda cerca de él y nunca pude establecer ningún tipo de relación.

La pareja tenía un hijo de unos veinte años, que entraba y salía de la casa con su propia hija, que tenía dos o tres años. El segundo hijo estaba en la secundaria, y ninguno de los hermanos practicaba la fe musulmana, aunque habían sido educados en ella.

Ahmed y Sarah también tenían una hija pequeña, de dos o tres años. Esta niña dormía en la habitación de atrás. Además había una bebé que dormía en una cuna en el dormitorio de sus padres.

La familia era buena conmigo y se esforzó, pero yo nunca sentí que encajara. No tenía nada en común con los otros chicos, y nuestras edades no eran suficientemente cercanas como para pasar juntos por las mismas etapas de la vida. Aunque sabía que supuestamente esta sería una estancia de largo plazo, cada día, al despertar, me preguntaba: ¿Qué más hay?

En lugar de ir a la escuela, como esperaba que ocurriera, me educaron en casa. La familia decidió esto por motivos religiosos, y aunque me sentí desilusionada en ese momento fue bueno para mí, porque recibí más atención personal que la que habría tenido en una escuela pública. En casa se hablaba tanto en árabe como en inglés. Creo que Orangewood deseaba enviarme con esta familia para que yo aprendiera a hablar, leer y escribir en inglés. Desde esa perspectiva, estaba donde debía estar.

Recibí mi educación junto con otra familia musulmana, cuya mamá nos enseñaba. Ella era buena maestra, pero me sentía frustrada. Orangewood me había dado las bases, pero yo igual estaba muy rezagada con respecto a los demás. Lloraba casi todos los días, mientras luchaba por aprender a decir los nombres de letras, colores y números. Luego tuve que aprender a dar un significado a las palabras. Por ejemplo, podía decir la palabra "caminar", pero me tomó mucho más tiempo relacionar la palabra con la acción.

Lentamente, sin embargo, algunas cosas empezaron a encajar. Pasé de identificar las letras a entender cómo ponerlas juntas para formar palabras. Recuerden: no sabía hacer esto ni siquiera en mi lengua materna, el árabe, así que cada pensamiento, concepto e idea eran nuevos para mí. Después de que logré formar algunas palabras, aprendí cómo ponerlas juntas para hacer una oración. Y a medida que mejoraba mi inglés al hablar, también empezaron a hacerlo la escritura, la lectura y la comprensión. No obstante, aún estaba muy rezagada. Imaginen ser una adolescente luchando con tareas de primer grado. Esa era yo.

Después de algún tiempo mis trabajadores sociales pensaron que estaba lista para algo más y les pidieron a mis padres adoptivos que me inscribieran en la escuela. Como era una familia musulmana tradicional, solo consideraron instituciones musulmanas. En la primera a la que acudieron, que estaba cerca de donde vivíamos, dijeron que yo era demasiado mayor para los grados que ofrecían. Les preocupaba que ni los alumnos de primaria ni yo pudiéramos adaptarnos a la diferencia de edades. Puede que hayan tenido razón.

No obstante, fui durante un breve tiempo a otra escuela musulmana. Allí había chicos de mi edad, pero aunque los encargados me ubicaron en grupos de educación especial, seguía demasiado retrasada como para que sus maestros pudieran ayudarme. Me sentí completamente feliz cuando regresé a las clases en casa.

Una razón por la que deseaba estar ahí era que mi maestra me agradaba mucho. Ella era amable y paciente conmigo, al igual que sus hijas, que eran las otras estudiantes. Una de las chicas tenía mi edad y la otra era un año menor. Aunque ambas se convirtieron en buenas amigas, yo pasaba más tiempo con la menor, Assana. Resulta que no solo estaba muy atrasada en mi educación formal, sino también en mis habilidades sociales, y Assana, siendo menor, estaba más cerca de mí en ese aspecto.

Al no haber tenido la oportunidad de hacer amigos y jugar, como hacen la mayoría de los niños, había perdido etapas importantes en mi desarrollo. Las fiestas de cumpleaños de preadolescente, enamorarme de algún chico, quedarme a dormir en casa de una amiga, el grupo de exploradoras, los ensayos del coro, campamentos, deportes: no había experimentado ninguna de las cosas que hacen otras niñas en Estados Unidos. Mi maestra y sus hijas me ayudaron a vivir algunas de esas experiencias por primera vez, y me alegra haber compartido aquellos momentos con esa gente maravillosa.

Yo quería a Assana y a su familia, y con frecuencia me quedaba a pasar la noche en su casa. Luego aprendí a andar en bicicleta y a usar una computadora. Desde el punto de vista social, no entendía que había horas para trabajar, jugar, descansar, hacer la tarea, etcétera, y ellas también me ayudaron a comprender esos detalles.

En aquel entonces yo era una chica callada. No estaba segura de lo que debía decir o hacer cuando estaba cerca de otras personas. Y si tenía algo que decir, con frecuencia mi inglés no era suficientemente bueno como para expresar mis sentimientos. Assana también era callada, y nos convertimos en el tipo de amigas que se entienden de manera intuitiva. Con frecuencia veía qué decía o hacía ella en alguna situación; así, con solo ser ella misma, me estaba enseñando.

❋ ❋ ❋

Aunque disfrutaba el tiempo que pasaba con Assana y su familia, la vida con mis padres adoptivos no estaba resultando como esperaba. Una razón era que me sentía abrumada por todo lo que rodeaba mi nueva situación. Sé que he usado mucho esa palabra, "abrumada", pero no encuentro otra que pueda describir lo agobiada que me sentía emocionalmente. Aún me parecía difícil de creer que tenía libertades tan simples como dormir hasta después del amanecer los fines de semana o sentarme a la mesa a comer en lugar de estar sirviendo la comida.

Había tenido un horario muy rígido con mis captores y en Orangewood también había una rutina. Había odiado el primero y disfrutado la segunda, pero con mi familia adoptiva el horario era menos formal, y eso significaba que tenía más tiempo para mí. Ese fue otro concepto nuevo: tiempo personal. No tenía idea de qué hacer cuando no era responsable de algo o alguien más. Nunca había tenido ocasión de explorar mis intereses o talentos, así que ni siquiera sabía qué me gustaba hacer. Ir de excursión, cantar, dibujar, jugar cartas… No sabía en qué era buena ni cómo ocupar mis horas.

Terminé por pasar la mayor parte del tiempo sola en mi habitación. Armaba rompecabezas y jugaba con tarjetas didácticas. Estoy segura de que ambas cosas ayudaron a mi desarrollo, pero no eran muy emocionantes. Mi habitación se convirtió en mi mejor amiga porque había muchas peleas en mi hogar adoptivo. Yo ya había tenido bastante de eso con mis padres biológicos y con la Mamá y el Papá, y no quería involucrarme en los pleitos de esta familia.

Aunque Ahmed era una persona más amable que los otros hombres que había conocido, seguía siendo una figura de autoridad. Ninguno de nosotros se atrevía a cuestionar sus decisiones, excepto su suegra, la madre de Sarah, quien había dejado claro que ella no estaba de acuerdo con los musulmanes.

La suegra nos visitaba con frecuencia. Pero cuando las discusiones se tornaban muy intensas, se iba furiosa. Las cosas se calmaban mientras ella estaba lejos, pero después de unos días, ¡bum!, ahí estaba de regreso.

Por algún motivo, parecía que yo no le agradaba a esa mujer, y no me sentía bienvenida ahí. No sé si ella pensaba que yo estaba ocupando una habitación que podría ser para la bebé. O quizá pensaba que *ella* debería dormir en ese cuarto. Es posible que simplemente no le simpatizara. Cualquiera que fuera la razón, creo que se esforzaba para meterme en problemas.

"Shyima pellizcó a la bebé", decía. Desde luego yo no lo había hecho; pero ella siempre estaba inventando cosas así.

Para hacer la vida aún más difícil, mi padre adoptivo y yo no nos llevábamos bien. Él siempre quería que fuera a la mezquita con ellos. Algunos practicantes de la fe musulmana asisten todos los días a su lugar de culto, pero la mayoría de las familias, incluida esta, no lo hacen. En cambio, acostumbran ir cada semana o los días en que hay celebraciones especiales. La razón por la cual no me gustaba ir es porque era la misma mezquita a la que iban la Mamá y el Papá. Ellos seguían bajo investigación y no habían sido declarados culpables de nada, lo que significaba que podían disfrutar de todo lo que Estados Unidos podía ofrecerles. En una ocasión encontré allí a la Mamá. Tuve una horrible sensación cuando la vi. Les dije a mis padres adoptivos y ellos estuvieron de acuerdo en que no tenía que volver si no deseaba hacerlo. Después de eso regresé algunas veces, pero no volví a verla a ella ni a otros miembros de su familia. Aun así, ese sitio seguía siendo un lugar incómodo para mí.

Cuando estuve con mis captores en Egipto hablé con mi madre biológica una o dos veces. Ahora mis trabajadores sociales y mi padre adoptivo me alentaban a comunicarme de nuevo con mis padres. Mi trabajador social pensaba que era importante que mantuviéramos abiertas las líneas de comunicación, así que Ahmed hacía las llamadas. Yo no quería; pues sabía que el resultado sería el mismo que antes. Y tenía razón.

La primera vez que hablé con mi papá cuando estaba con esta familia adoptiva, todo lo que hizo fue gritarme: "Tu mamá está muy enferma y es por tu culpa". Pasó por alto el hecho de que ella había tenido once hijos y recibido poca atención médica y mala alimentación. Cuando dijo: "Eres una niña egoísta por estar en el lugar donde estás", yo empecé a llorar, y mis lágrimas se hicieron más grandes cuando agregó: "Deberías estar aquí, en casa, con tu familia".

¿Cómo podía decir eso? Durante años no quise otra cosa. La causa por la que no estaba en casa con mi familia era que él y mi madre me habían vendido como esclava. ¿Y ahora se atrevía a gritarme por no estar ahí? Yo no podía pensar en nada más injusto que la forma en que me trataba.

Aun cuando existiera la posibilidad de que volvieran a venderme como esclava, a pesar de que mis hermanos me habían tocado de manera inapropiada, si mi papá o mi mamá me hubieran dicho en tono amable: "Te queremos, te extrañamos, estamos arrepentidos por lo que pasó. No podemos esperar a que regreses para darte un abrazo", yo podría haber pensado en pedírselo a mi trabajador social.

La realidad era que, en un mundo ideal, quería estar con mi familia biológica. Deseaba con desesperación recuperar los años perdidos y extrañaba mucho a mis hermanos menores. Pero había aprendido que no vivimos en un mundo perfecto. Aunque la vida era dura para mí ahora, era significativamente mejor que antes. Sabía que estaba donde necesitaba estar.

Ahmed vio cuánto me perturbó esa llamada telefónica, así que varios meses después, cuando mi trabajador social dijo que debíamos intentarlo de nuevo, él estuvo en la línea conmigo. Interrumpió varias veces los gritos de mi papá, y hasta se enfureció cuando él volvió a culparme del ataque cardíaco de mi mamá. Aunque no nos llevábamos bien, me alegró que Ahmed me defendiera.

La tercera y última vez que hablé con mi familia durante esa etapa de mi vida, pude conversar con mi mamá y con varios de mis hermanos y hermanas. Mi corazón se derritió cuando mi madre dijo: "Te extraño más de lo que puedo decir". Luego volvió a endurecerse cuando mi papá se puso en la línea y exclamó: "Donde te vea, te patearé". Cuando agregó: "Voy a ir con el presidente de Estados Unidos a decirle que su país me robó a mi hija", Ahmed intervino de nuevo.

Para entonces mis padres adoptivos y mis trabajadores sociales habían visto que estas conversaciones no ayudaban en absoluto, y que de hecho solo estaban empeorando las cosas. Yo me sentí agradecida cuando supe que ya no tendría que hacer esas llamadas a Egipto.

Por ese entonces empecé a ver a un terapeuta árabe. Yo no hablaba mucho, pero escuché mucho más de lo que indicaba mi lenguaje corporal. Me prescribieron medicamentos para la ansiedad y la depresión. Esto se sumó a las medicinas que me habían recetado en Orangewood para el insomnio. Creo que me ayudaron, por un tiempo. Una cosa era segura: la vida en familia era mucho más complicada que lo que había pensado.

En mi hogar adoptivo tenía permitido usar lo que quisiera, incluso maquillaje, que hasta hoy me encanta. No recibía dinero para mis gastos, pero había hecho tantas buenas obras en Orangewood que me había ganado suficientes puntos como para escoger un regalo, y había elegido un juego de maquillaje para niñas, el cual atesoraba.

Sin embargo, cada vez que salía debía cubrir mi cabeza con el hiyab, aunque no me gustara. Para mi papá adoptivo, usar el hiyab era símbolo del respeto de una mujer por sí misma. Yo no estaba de acuerdo con que ningún hombre le dijera a una mujer cuál es la mejor manera de respetarse. Aún no sabía que Estados Unidos es un país donde hay libertad de cultos y que yo podía adorar y rezar a Dios de la manera que eligiera. Lo único que sabía es que no creía en ninguna religión que convirtiera a las mujeres en ciudadanas de segunda clase y en la que el hombre de la casa pudiera regañar a todos los que lo rodean.

Desde entonces he aprendido que no todos los hogares musulmanes son así y que la religión no se trata de eso. Pero desde mi experiencia y mi perspectiva en ese momento, sentía que era así. Respeto a las personas de todos los credos y también sus creencias religiosas. Respeté totalmente la decisión de mi amiga Assana de usar el hiyab. Sin embargo, yo no quería ser musulmana y eso me generó mucha tensión con mi familia adoptiva.

Otra cosa que no estaba funcionando era que mi mamá adoptiva corregía continuamente mi inglés, pero no de una manera constructiva. Por ejemplo, en lugar de explicarme: "Shyima, eso estuvo mejor, pero la próxima vez trata de decir 'tú' con *u* en vez de que suene como *o*", ella me decía: "No lo pronunciaste bien. ¿Cuántas veces tengo que repetírtelo?". En una ocasión, su tono despectivo y la dureza de sus palabras fueron tan evidentes que hasta su hijo mayor me defendió.

Esta actitud de Sarah hizo que me cerrara emocionalmente hacia ella. Algo que he aprendido de mí misma es que cuando alguien no entiende que estoy haciendo mi mayor esfuerzo, me desconecto de esa persona. Si no puede reconocer que me empeño en conseguir algo, aun cuando no siempre haga bien las cosas, no quiero volver a tener nada que ver con ella.

En general, Sarah era buena, pero había escuchado mucho y por demasiado tiempo a su madre. Día tras día ambas mujeres me hacían la vida difícil. Nada de lo que yo hacía estaba bien. Algunas de las peleas que tuvimos comenzaron porque yo empezaba a defender mi individualidad y mis opiniones. Visto en retrospectiva, eso fue un avance enorme. ¡Estaba mostrando la actitud desafiante de una adolescente normal! Pero un día, después de una discusión particularmente acalorada, la madre de Sarah dijo: "Se acabó. Es Shyima o yo".

No me marché de inmediato. Con ayuda de mi trabajador social, buscamos una nueva familia adoptiva mientras permanecía en esa casa. Pasé algunas noches con distintas familias, pero ninguna parecía idónea, hasta que surgió una oportunidad en Arizona. Incluso Sarah me acompañó a visitar a esta gente durante un fin de semana largo. Mi inglés había mejorado mucho, pero no lo suficiente para mi edad, y sabía que cualquier colocación iba a ser difícil. Sin embargo, quería mostrarle a todo el mundo que tenía una actitud positiva y que estaba haciendo mi parte, así que acepté quedarme con esta nueva familia. Desafortunadamente, pronto todos pudimos ver que no era lo indicado para mí, y cuando en la escuela de Arizona dijeron que no sabían qué hacer conmigo, regresé.

Aprendí mucho en mi primer hogar adoptivo. Con ellos y con la familia de Assana hice muchas cosas por primera vez, y sentía que estaba empezando a encajar en el estilo de vida de Estados Unidos. Estuve con ellos casi dos años, y durante mi segundo año incluso empecé a pensar algunas frases en inglés. Ese fue otro progreso enorme.

Durante ese tiempo vi a muchos trabajadores sociales. Creo que en esa oficina tenían que intercambiar casos después de algunos meses para evitar que alguno de ellos se involucrara demasiado con alguien como yo y terminara por perder objetividad. Además, de vez en cuando tenía conversaciones con Mark Abend, con ayuda de un intérprete. En esas reuniones con él supe que el gobierno de Estados Unidos seguía investigando a mis captores. También me enteré de que se estaba preparando un litigio jurisdiccional para determinar quién se encargaría del caso. Por alguna razón el FBI lo quería, pero Mark estaba decidido a que su división del Departamento de Seguridad Nacional presentara la demanda. A mí no me importaba. Era demasiado para mí. Estaba ocupada tratando de arreglármelas con mi vida diaria –intentando aprender inglés y ser aceptada por chicos de mi edad– y no quería que me involucraran en el proceso. No tenía deseos de volver a ver a mis captores y pensaba que si desaparecían de la faz de la Tierra, para mí estaría bien.

Comprendí que preparar el caso tomaría tiempo, así que no pensé mucho en ello. En lugar de eso, mi mente estaba enfocada en mi siguiente familia adoptiva.

CAPÍTULO NUEVE

Mi segundo hogar adoptivo estaba en la zona central de California, y una vez más viví con una familia musulmana. Había una mamá y un papá, Rachel y Manjit; una joven que iba a la universidad; un muchacho que estaba en los últimos años de la secundaria y una hija más pequeña.

El paisaje allí era mucho más hermoso que aquel al que estaba acostumbrada. Los árboles y arbustos eran distintos de los del condado de Orange, y me llevó algún tiempo adaptarme al cambio. Aunque la mayor parte de la ciudad estaba limpia, nosotros vivíamos en un área deteriorada. Pero la casa era más grande y agradable que mi primer hogar adoptivo, incluso tenía una piscina.

En vez de tener un cuarto propio, compartía el de la hija mayor. Llegué con esta familia justo después del primer día del año, y por primera vez pude ir a una escuela pública. Los otros chicos de la familia acudían a una institución musulmana pero, como yo seguía tan rezagada en relación con mi edad, allí no estaban preparados para educarme. En la escuela pública me ubicaron en octavo grado, pese a que mi nivel correspondía a los primeros grados de educación básica. Creo que mis trabajadores sociales recomendaron que estuviera con chicos cercanos a mi edad para que pudiera integrarme mejor.

Me entusiasmaba la escuela. Mi inglés ya era suficientemente bueno para dar a entender mis necesidades, y si las personas hablaban despacio entendía bastante lo que decían. Esperaba hacer amigos y aprender cuanto pudiera para abrirme paso en mi nuevo país.

Mis ilusiones, sin embargo, se rompieron pronto porque esa escuela no era lo que había imaginado.

El principal problema que encontré fueron las pandillas, bandas de delincuentes de secundaria. Eso era nuevo para mí y varias veces quedé en medio de dos bandos. Parecía como si ambos compitieran por ver cuál podía hacer mi vida más miserable. Todo el tiempo había policías fuera y dentro de la escuela para ayudar a los profesores a controlar a los chicos, pero su presencia no servía para tranquilizarme. Aunque la policía me había rescatado, y a pesar de que había logrado un acuerdo favorable con el sistema judicial en cuanto a mi estancia en Estados Unidos, yo aún no confiaba en las autoridades. Por muchos años me habían dicho que la policía era mala, y para mí resultaba difícil verlos ahora como a "los buenos". Eso significaba que la presencia de los oficiales me ponía tan nerviosa como las pandillas.

La mayoría de los alumnos no estaba en pandillas, pero muchos provenían de ambientes duros. Estos chicos eran muy bruscos en su forma de hablar y actuar, lo que dificultaba que alguien callado como yo pudiera encajar. Tuve que adaptarme pronto. Yo era el mejor ejemplo de "come o te comerán", y ya había recibido demasiados abusos en el pasado. No iba a soportarlo más. Pero era más fácil pensarlo, que lograrlo de verdad.

En el mejor de los casos, estar cerca de chicos de secundaria es difícil. Están desesperados por encajar, y a aquellos que no se ajustan a la imagen de los demás los molestan. Esa era yo, la única estudiante musulmana de la escuela. Como mi nueva familia adoptiva practicaba rigurosamente su religión, y tenía que usar velo. Además era la única estudiante que no hablaba bien el inglés. Esas dos cosas por sí solas me hicieron objeto de burla constante; me insultaron, amedrentaron, empujaron, pellizcaron y magullaron. Hice mi mayor esfuerzo por no llorar, porque sabía que si lo hacía sería una enorme muestra de debilidad ante los demás, pero no podía evitarlo. Casi todos los días me derrumbaba mucho antes de la hora del almuerzo.

El personal de la escuela me envió a todas las clases de apoyo que pudo encontrar para mí, y en lo que respecta a los otros chicos, esas clases me etiquetaron como estúpida. Así fue como me convertí en la niña idiota que vestía y hablaba chistoso. Nadie ahí conocía mi historia, y en ese grupo de chicos no estoy segura de que eso hubiera cambiado algo.

La hostilidad de los estudiantes hacía mí iba en aumento, pero también mi rabia y resentimiento hacia ellos. Estaba furiosa con la vida, con Dios, molesta con mis padres adoptivos por haberme enviado a una escuela tan terrible, enojada con mis trabajadores sociales, padres, captores y profesores. Era una persona amargada, y la rabia y el odio habían estado hirviendo dentro de mí por algún tiempo.

Para complicar aún más las cosas, no comprendía por qué les desagradaba a los otros chicos. No les había hecho nada. Sabía que me veía diferente, que vestía y hablaba de manera distinta, pero por dentro era igual que ellos. Eso me confundía y alimentaba mi agitación interna.

Una tarde al salir de la escuela, mientras esperaba que mi hermanastra me recogiera, una chica hispana me escupió en la cara. Esto había sido lo peor que me había ocurrido allí, pero me aguanté, limpié mi rostro y me alejé. Sin embargo, no me dejó en paz. Me llamó de varias formas, entre ellas "árabe". No entendía qué quería decir, pero su tono de voz me hizo saber lo que pensaba de mí. Seguí caminando.

Pero la chica llegó por detrás, me quitó el velo de la cabeza y me golpeó. Fue suficiente, exploté. Toda mi rabia y mi furia cayeron sobre ella: la pateé, le grité, la golpeé y la arañé con todas mis fuerzas. Al final, yo estaba en mejor condición física que ella, y aunque sabía que pelear no es una buena forma de resolver diferencias, debo decir que después, ¡me sentí fenomenal!

Las emociones que había liberado con esa chica me hicieron sentir fuerte. Hasta ese momento yo había sido una adolescente sumisa. Mucho de mi carácter en ese tiempo se debía a mi cautiverio y a los hombres abusivos en mi vida. Pero no más. Ya estaba harta de que me molestaran. Era hora de ponerme de pie y exigir que me trataran con el mismo respeto que a cualquier otro. Si tenía que hacerlo peleando, así sería.

Por un largo tiempo, sin embargo, esa no fue la mejor elección, pues me suspendieron una semana. La mayoría de los alumnos en esa escuela habían recibido suspensiones de uno o dos días, pero los maestros y otros empleados pudieron ver que mi rabia hacia esa chica era profunda. Le había dejado muchos moretones y me crispaba de furia cada vez que alguien mencionaba su nombre. Por eso me dieron más días. Incluso por un tiempo tuve que ir a la escuela los sábados para reponer las clases que había perdido.

Después de la pelea me inscribieron en las clases de kick boxing árabe por medio de nuestra mezquita. Para mí ese deporte era una manera de dejar salir mi furia en forma apropiada. Me hacía sentir fuerte y me gustaba mucho, pero mi madre adoptiva estaba tan ocupada con su trabajo y las actividades de sus otros hijos que rara vez tenía tiempo para llevarme. Después de algunas lecciones, dejé de ir. No había tenido tiempo de hacer amigos en el grupo, pero me quedé con lo aprendido.

Cuando volví a mis clases regulares, era evidente que mis profesores estaban tan confundidos como yo acerca de mí misma. Es un hecho desafortunado que lo único que ellos podían hacer en esa escuela era mantener cierta apariencia de orden. Como los chicos estaban fuera de control, los profesores podían enseñar poco. Mi familia adoptiva no lograba entender cómo era mi vida allí, pues el lugar al que acudían sus propios hijos era bueno. En ese colegio los estudiantes se comportaban bien y obtenían calificaciones altas en los exámenes. Eso significa que mis padres adoptivos no tenían experiencia o habilidades que ofrecerme para que las cosas me resultaran más fáciles.

Si durante el día luchaba por adaptarme, después de clases batallaba con los trabajos escolares. Como yo era lenta para leer y entender lo que estudiaba, me tomaba horas finalizar las tareas. La escuela pública era un gran cambio para mí, y me tenía completamente estresada.

Además de eso estaba la tensión que yo sentía en la casa de mi familia adoptiva. Hoy me doy cuenta de que un hogar debería ser un refugio, un lugar seguro donde puedas relajarte y ser tú mismo. Pero el papá de este hogar era tan malo como los demás hombres musulmanes que había conocido. Quizás era una cuestión de mala suerte que me encontrara con otro hombre musulmán que no tenía mucho control sobre sus sentimientos de ira.

Manjit trataba a su esposa e hijos con poco respeto. Había muchas peleas, y si Rachel o sus hijas lo interrumpían, él las abofeteaba.

Su actitud era dominante, y eso no se llevaba bien con mi recién descubierto sentido de fortaleza personal. Un ámbito en el que chocábamos era el de la religión. Aquel era un hogar musulmán sumamente estricto, lo que significa que el papá y los hijos debían levantarse todos los días a las cuatro de la madrugada para rezar sus primeras oraciones. Con frecuencia iban a esa hora a la mezquita para orar. Parte de esta religión consiste en rezar cinco oraciones al día en momentos específicos. Ninguno de los otros hogares en los que había vivido cumplía esta regla, pero esta familia sí lo hacía.

También eran muy estrictos con el uso del velo. Como el papá y el hermano no eran mi papá y mi hermano verdaderos, yo debía usarlo siempre que estuvieran en la casa, lo que ocurría con frecuencia. Eso era difícil para mí. Respeto a las mujeres que se cubren la cabeza como símbolo de su pureza y su fe. Si eso es importante para ti, apoyo completamente que uses velo; pero no era así en mi caso, y cuando debía llevarlo, lo odiaba.

Es posible que muchas de las tradiciones musulmanas tampoco fueran importantes para mi mamá adoptiva. Su familia era cristiana, y debido a ello mi papá adoptivo no permitía que su esposa viera a sus parientes, y ni siquiera permitía que estos le dieran regalos en Navidad. Me parecía muy triste. Como yo había sido arrebatada de mi familia, sabía lo importantes que eran esos vínculos. Rachel debía de extrañar a sus parientes, especialmente en las fiestas navideñas. Las celebraciones musulmanas eran las únicas ocasiones en que ella iba a la mezquita.

Manjit era tan dominante que yo no entendía por qué Rachel seguía con él. Me hubiera gustado que ella se defendiera más, y tal vez lo hizo al principio de su matrimonio. Quizá después de tantos años solo trataba de mantener en su hogar tanta paz como podía. Yo estaba llegando a una edad en la cual defender mi postura era algo importante para mí, y la relación entre mis padres adoptivos hizo que deseara convertirme en una mujer fuerte e independiente.

Además, Manjit tenía muchas reglas, y una de ellas era que dentro del hogar solo debíamos hablar árabe. Esto no tenía mucho sentido para mí, que estaba esforzándome para aprender inglés. Entonces decidí no cumplir esa regla, y hablar solo en inglés, pues estaba viviendo en un país angloparlante y necesitaba manejar el idioma. Mi decisión provocó más de una disputa, porque si alguien me hablaba en árabe yo contestaba lo mejor que podía en inglés. De cualquier forma, no había mucha conversación dentro de esa casa.

Otra contradicción era que, a pesar de que mis trabajadores sociales me alentaban a hacer amigos, no podía llevar a nadie a casa, pues solo se permitía entrar a quienes profesaran la fe musulmana; de hecho, me pedían mantenerme alejada de los demás. Esto tampoco tenía mucha lógica. Era la única estudiante musulmana de mi escuela, así que era imposible conocer a otras personas de la misma religión.

Al salir de clases empezaba la mejor parte del día para mí. La escuela estaba a apenas unos minutos de casa y mi hermana adoptiva generalmente pasaba a buscarme. Rachel no podía, porque tenía que hacer malabares con su trabajo, los entrenamientos deportivos de sus hijos y otras actividades extraescolares. Pero su hija mayor tenía su propio auto y con frecuencia podía recogerme. Sin embargo, yo debía llamar a mi papá adoptivo en cuanto llegaba. Si no lo hacía unos minutos después de haber salido de clases, él empezaba a llamar a la casa, y más valía que yo estuviera allí. Él siempre me llevaba a la escuela por las mañanas; quizás hacía que lo llamara después de salir para asegurarse de que yo hubiera estado en la escuela todo el día. Después de hablar con él, me instalaba en mi habitación para comenzar el largo proceso de mis tareas escolares.

Luego de terminar la tarea –y los fines de semana– leía mucho y miraba la televisión. La mayoría de los libros que leía eran textos infantiles, como los escritos por el Dr. Seuss. Mi capacidad de lectura y mis habilidades lingüísticas en inglés seguían siendo básicas (una vez más, debido en gran medida a que solo hablábamos árabe en casa). Esos libros eran especiales para mí, sobre todo porque mi papá adoptivo no nos dejaba salir a ninguna parte, así que las opciones de entretenimiento eran limitadas. Varias veces fuimos de vacaciones al lago Tahoe, y fue muy divertido. Vi nieve por primera vez cuando estuve allí, y me enamoré perdidamente de ella. La novedad de estar metidos en la nieve era muy agradable. Hasta mi papá adoptivo se relajaba un poco en esos viajes y pasamos buenos momentos. Yo deseaba que fuera así de divertido todo el tiempo.

Obviamente, esta familia y mi relación con ella eran algo complicado. Creo que yo les agradaba a Rachel y a los chicos. De hecho, Manjit habló con mi trabajador social acerca de adoptarme definitivamente, pero yo no quería. En primer lugar, él nunca me lo dijo, sino que intentó iniciar el proceso de adopción a mis espaldas. Tampoco ayudó el hecho de que yo no lo respetara y estuviera en desacuerdo con la manera tan estricta en que hacía que su familia practicara su religión. La cantidad de peleas en esa casa me disuadió de hacerlo mi hogar permanente, aunque anhelaba una familia que pudiera considerar propia.

Los meses pasaron y mi enojo con las experiencias que había vivido se hacía más profundo. Empecé a visitar a otro terapeuta. Había visto a uno cuando estuve con mi primera familia adoptiva, pero aunque las conversaciones eran en árabe, yo no hablaba mucho. En ese tiempo era muy desconfiada y estaba demasiado agobiada por tantos cambios como para encontrarles algún sentido.

Pero esta vez fue distinto. Era más madura y tenía la capacidad de expresarme mejor. Le dije a mi terapeuta lo decepcionada que me sentía porque ni un solo integrante de mi familia adoptiva había ido a mi graduación de octavo grado. Parecía que todos los chicos tenían a alguien que los apoyaba, excepto yo. Si yo les importaba como ellos decían, ¿por qué Rachel no pidió unas cuantas horas en su trabajo ese día? ¿Por qué no fue la hija mayor? ¿O Manjit? Me sentí miserable en un día que debería haber sido jubiloso, y eso me enfurecía.

Estaba descubriendo que yo era el tipo de persona que se guardaba la ira. Eso no es necesariamente bueno, pues los demás nunca se daban cuenta de que estaba molesta con ellos. Podríamos tener una conversación, algo me provocaría y yo escupiría esa rabia contenida en una explosión de palabras llenas de odio. Muchas veces, cuando estaba en mi habitación, volvía a preguntarme por qué mis padres me habían vendido como esclava, por qué mis captores habían sido crueles conmigo y qué había hecho yo para merecer cualquiera de las cosas que me habían ocurrido. Las preguntas daban vueltas en mi cabeza, nunca había respuesta alguna y yo me sentía llena de una mezcla de tristeza y enojo.

Esa furia, junto con mi confusión, me atormentaba desde antes de que me rescataran. Como mencioné, en Orangewood me dieron medicamentos para ayudarme a dormir. Como estaba extremadamente ansiosa por los cambios en mi vida durante ese tiempo, me era imposible conciliar el sueño. Cuando estuve con mi primera familia adoptiva, la medicina que me prescribieron para la ansiedad y la depresión me ayudó a estabilizar mis estados de ánimo, que habían estado fuera de control. Pero la parte hablada de la terapia fue igual de útil, aun cuando yo no dijera gran cosa.

Descubrí que después de haber estado libre físicamente durante un tiempo, me sentía aún más libre emocionalmente. Mis pequeñas libertades, consistentes en ser capaz de ir a la escuela y tomar decisiones sobre mi tiempo libre en casa, habían obrado maravillas en mi estado mental. Ahora que estaba más receptiva, la terapia pudo mostrarme plenamente lo injusta que es la esclavitud. Ya me lo habían dicho, pero entonces no comprendí el concepto de manera tan clara como esta vez. Por medio de la terapeuta aprendí que estaba bien sentirme furiosa por mis años en cautiverio. Le dije lo infeliz que era en la escuela y con mi familia adoptiva, y ella me ayudó a entender más acerca de las relaciones entre las personas. Yo no había asimilado ninguna de estas ideas antes, y ese nuevo conocimiento me ayudó en la interacción con la gente a mi alrededor.

Jamás imaginé lo difícil que sería cambiar mi mentalidad de persona cautiva a persona libre, ni lo complicada que podría volverse la vida en ese proceso. Mucha gente a mi alrededor pensaba que yo debía sentirme feliz por lo que tenía, feliz simplemente por el hecho de ser libre, pero no era tan sencillo. La felicidad no es algo que se pueda encender o apagar con un interruptor. No es que no fuera feliz. De hecho, me emocionaba ya no tener que servir a la Mamá, al Papá ni a sus soberbios hijos. Pero por muchos años había pensado que podría ser feliz si solo pudiera ver a mi familia de origen. Ahora sabía que eso era una fantasía y que la felicidad y la decepción pueden estar estrechamente entrelazadas.

Mi terapeuta era una mujer amable y quería que mi familia adoptiva acudiera a unas cuantas sesiones, pero Manjit no lo permitió. En cambio, se rio de mí y me llamó loca. Yo sabía que no lo estaba, pero me decepcionaba que él tuviera una mente tan cerrada en cuanto a las sesiones.

Mi trabajador social y mi consejera me alentaron a volver a hablar con mi familia en Egipto. Como ya entendía mucho más acerca de las personas, acepté hacer otro intento, aunque ello no me hacía feliz. Lo único que fue diferente en esta ocasión fue que Manjit pudo tener varias conversaciones con mi padre. Este preguntó si podían enviarle fotografías mías, así que de mala gana me puse el velo, fuimos a un estudio fotográfico y me tomaron las fotos.

Yo tenía muchas preguntas que hacer a mi familia biológica, pero ninguna obtuvo respuesta. De hecho, nunca tuve la oportunidad de preguntar. Cuando estaba al teléfono me gritaban o escuchaba a mi mamá decirme cuánto me extrañaba. Yo me preguntaba si algún otro de mis hermanos había sido vendido como esclavo. Quería saber si mis padres habían tenido más hijos desde que me había ido. Y me preocupaba la salud de mi mamá, aun cuando estaba furiosa con ella por haber aceptado que me vendieran como esclava.

El agente del ICE Mark Abend siempre había estado en segundo plano, pero asumió un papel más activo en mi vida cuando estuve con mi segunda familia adoptiva. Con el paso del tiempo, algunas cosas habían cambiado en el proceso contra mis ex captores, y ahora él quería saber cómo me encontraba emocionalmente. Sin mi cooperación la denuncia no sería tan sólida, y Mark estaba decidido a hacer que esa gente pagara por lo que había hecho. Tuve suerte de tenerlo de mi lado, porque muy pocas personas habrían perseguido a mis antiguos secuestradores con la fuerza y la determinación con que él lo hizo.

Mark voló desde el condado de Orange, ¡y la primera vez que vino pudimos tener una conversación de verdad! Antes siempre habíamos hablado por medio de un intérprete, pero esta vez pudimos hacerlo cara a cara. Una vez que eso ocurrió, parte del miedo que me habían inculcado hacia los hombres desapareció, y me di cuenta de que él era un buen tipo.

Para entonces era mayo de 2004 y creo que mi nueva personalidad fuerte lo impactó. Antes me sentía atemorizada y deprimida cada vez que estaba en su presencia. Ahora, varios años lejos del cautiverio y después de mucha terapia, estaba en las etapas iniciales de mi transformación en una joven capaz.

Mark me puso al tanto de los eventos más recientes y me preguntó si deseaba presentar una demanda. Yo estaba tan enojada –y me sentía tan fuerte– que respondí que sí. En ese punto de mi vida no había nada que yo deseara más que llevar a esa gente a la cárcel, y hacerlos responsables por la forma en que me habían tratado. Mi terapeuta tenía razón: no hay nada correcto en la esclavitud.

Después vi a Mark y hablé con él en varias ocasiones, con intervalos de algunos meses. Él llamó a dos abogados, Robert Keenan y Andrew Kline, y a miembros de su equipo de Seguridad Nacional. Juntos empezaron el proceso para llevar ante la justicia a la pareja que por mucho tiempo conocí como la Mamá y el Papá.

❖ ❖ ❖

Yo estaba emocionada porque el caso estaba avanzando de nuevo, pero Rachel y Manjit no compartían mi alegría. De hecho, me incitaron a dejarlo y a seguir con mi vida. Él incluso me pidió mentir acerca de los hechos que ocurrieron cuando estuve en cautiverio. Y eso fue el límite. Me habría gustado que él hubiera vivido lo mismo que yo durante años. Entonces veríamos si también hubiese querido "dejarlo".

La polémica sobre mi participación generó una nueva ronda de pleitos en mi hogar adoptivo, incluyendo discusiones sobre libertad religiosa y muchas otras cosas. Una noche, alrededor de las nueve, después de una pelea intensa, Manjit me echó de la casa.

"Ponte tus zapatos. Vamos", dijo.

No se me permitió empacar ni una sola de mis pertenencias. Me dejó en un albergue y pasó una semana antes de que mi trabajador social pudiera arreglar la situación. Me había roto el corazón no haber podido despedirme de mis hermanos y hermanas adoptivos, con quienes me había encariñado.

En el albergue volví a ser callada y no le dije gran cosa a nadie. Todo lo que podía pensar era: *Aquí vamos de nuevo.* ¡Pero al menos ya estaba pensando en inglés! Me preguntaba por qué no podía encontrar un hogar permanente, una familia que me amara sin importar nada más.

Finalmente mi trabajador social tomó un vuelo para buscarme, y en el viaje hacia el condado de Orange, y de regreso a Orangewood, dije: "No quiero que me envíen a otro hogar musulmán. Se acabó". Entonces no me daba cuenta de que las personas de otras religiones también podían ser malas, pero ya no quería tener nada que ver con otro hombre musulmán dominante en mi vida.

Aunque deseaba estar en la familia correcta, vivía bien en el Hogar. Mi amiga Autumn también estaba de regreso, y esta vez hasta pude hablar un poco con ella en inglés. Su "lado salvaje" le causó problemas, pero descubrí que era alguien interesante que había estado varias veces con los mismos padres adoptivos.

Orangewood está bien administrado, y pude volver a encajar fácilmente allí. Creo que una de las razones por las que funciona de manera tan eficiente es su sistema de puntuación. Si te portas bien, ganas puntos. Si obtienes suficientes puntos, recibes una recompensa. Algunas de estas consistían en ir a jugar a los bolos o de compras, pero durante el tiempo que estuve ahí uno de los premios fue presenciar un partido de béisbol de los Ángeles de Anaheim. Teníamos asientos en un área especial, y aunque no entendía el juego, por qué ovacionábamos ni nada de lo que sucedía, amé cada segundo. Ese partido me convirtió en una aficionada de los Ángeles para toda la vida, y aún me encanta ir a verlos.

En cuanto a la colocación, aunque quería tener una familia, sabía que tenía varios *strikes* en contra. Mientras mayor es un chico o una chica, más difícil resulta encontrarle lugar. Yo tenía ya quince años, pero estaba muy rezagada socialmente y en la escuela. Me preparé para esperar, pero deseaba con todo mi ser encontrar un hogar de verdad y una familia amorosa.

CAPÍTULO DIEZ

No tuve que esperar mucho para que mi deseo se hiciera realidad. Poco después de que cumplí quince años me colocaron en el hogar de una familia en Orange, a unos cien kilómetros de donde se encuentra Orangewood.

Cuando mi posible madre y su hija menor fueron a conocerme, yo estaba hastiada de mis experiencias anteriores en hogares adoptivos y no tenía muchas esperanzas de que esta vez fuera diferente. Sin embargo, no quería que me etiquetaran como una "chica conflictiva", así que puse mi cara feliz para la reunión.

No obstante, me alegró darme cuenta de que mi trabajador social había escuchado mis palabras, porque esta familia no era musulmana. La forma en que funciona la adopción consiste en que el Estado paga a los padres por cada hijo que aceptan. Los pagos varían de un estado a otro, y dependen de la organización remitente. Creo que los padres adoptivos de los chicos de Orangewood recibían un poco más de dinero que muchos otros, porque esta era una buena organización que se esforzaba por colocar a los niños en los hogares adecuados. Quizá la gente que tomaba esas decisiones pensó que el dinero adicional atraería a padres que de otra forma no se habrían interesado en la adopción. Al hablar con otros chicos del Hogar, descubrí que la triste realidad es que este sistema atraía solicitantes que solo iban por el dinero. Me senté frente a esta mujer y su hija y esperé que esa no fuera la razón por la que estaban ahí. No había forma de saberlo hasta que averiguara más, y la única forma de hacerlo era pasar algunos días con ellas.

La aspirante a mamá adoptiva y su hija menor me recogieron y fui a pasar un fin de semana con ellas. Descubrí que esa familia ya había tenido hijos adoptivos, y que se estaban haciendo cargo de un sobrino del papá, además de sus tres hijos biológicos. Si me quedaba, me convertiría en la quinta hija de ese hogar, y sería la mayor. El sobrino tenía diez años y luego había un niño de siete, seguido de dos niñas, de seis y cuatro años. Parecían agradables, incluso el papá, pero para ese momento me había dado cuenta de lo importante que era esta decisión. Había aprendido que mudarme con una nueva familia podría ser la realización de mis sueños. Pero también podía convertirse en mi peor pesadilla.

El lunes mi trabajador social reunió mis cosas y fue a la casa. Cuando llegó vio la indecisión en mi rostro y dijo: "Puedes quedarte aquí o regresar a Orangewood conmigo, pero debes decidirte ahora". Volví al Hogar. Una parte de mi decisión se basó en el miedo. ¿Y si esta familia resultaba ser como las anteriores? Otra parte se basó en un mal presentimiento. Mi intuición me decía que algo pasaba en aquella casa, pero no podía precisar qué era. Además, no había chicos de una edad cercana a la mía y yo esperaba encontrar una familia que tuviera hijos con los cuales pudiera crear lazos estrechos.

Pasé los siguientes días en Orangewood, pero cuando un miembro del equipo dijo: "No hay otra familia en espera para ti", regresé con esta gente. Mi nueva mamá adoptiva y la hija menor volvieron a recogerme, y en el camino almorzamos en un restaurante de hamburguesas. Luego fuimos a mi nuevo hogar.

Debo decir que la casa era preciosa. Estaba ubicada en un barrio de gente adinerada y tenía cuatro dormitorios. Mis nuevos papás, Patty y Steve, compartían el principal. Steve era alto y parecía conductor de televisión. Patty era baja de estatura, como yo, pero rubia. El sobrino y el hijo mayor compartían habitación, las dos niñas estaban juntas y había un cuarto para mí. En la casa había un gran espacio abierto que nadie parecía usar, y una sala de estar que daba a la cocina, que era donde todos se reunían.

Poco después de mi llegada llegó otra hija adoptiva a la familia. Esta niña, dos o tres años menor que yo, era una chica sumamente perturbada. En los años que estuve con esta familia hubo docenas de chicas como ella, que entraban y salían de la casa. La mayoría se quedaban unas semanas, aunque algunas permanecían unos cuantos meses. Todas ellas compartían la habitación conmigo. Para ellas mi familia era un hogar transitorio mientras se evaluaba si estaban listas para volver con sus padres biológicos o si necesitaban ser reubicadas de manera permanente.

Tenían entre once y trece años, y cada una cambiaba con su presencia la dinámica familiar. Esto resultaba un poco inquietante, en particular cuando la niña nueva tenía graves problemas de conducta, y algunas los tenían. Pero otras eran dulces. En cualquier caso, la realidad era que cuando empezaba a familiarizarme con una nueva hermana adoptiva, ella se marchaba. Esto no me ayudó en absoluto con mis problemas de confianza, y tampoco me sirvió para aprender a formar lazos con otras personas. De hecho, provocó lo contrario. Llegué a un punto en que ni siquiera quería intentar conocer a una chica nueva, porque si lo hacía y ella me agradaba, se me rompería el corazón cuando se marchara.

Mi relación con el sobrino era difícil, pero de una manera distinta. Él parecía estar celoso por el tiempo y la atención que Patty y Steve me daban. Si yo cometía el menor error, o si olvidaba hacer algo, se lo decía a sus tíos sin dudarlo. No me llevaba muy bien con él porque siempre estaba observándome.

Sin embargo, me gustaban los otros chicos, el niño de siete años y las niñas de cuatro y seis. Me recordaban a mis hermanos menores que había dejado en Egipto. Los extrañaba más de lo que puedo expresar con palabras, pero en los años que habían pasado desde que dejé la casa de mis captores, había olvidado aún más acerca de ellos. ¡Ahora había descubierto que me encantaba volver a ser la hermana mayor! Ellos eran buenos niños y nos divertimos mucho juntos.

Steve era un buen padre, y el amor que demostraba a sus hijos me hizo revisar mi frío concepto del género masculino. Tal vez, además de Mark Abend, había hombres buenos en el mundo. Mi papá adoptivo mostraba genuino interés por cada uno de los hijos que vivían bajo su techo y con frecuencia me preguntaba si estaba bien. Me hizo saber que siempre podía hablar con él si tenía un problema y yo apreciaba mucho eso. Pocas personas han hecho algo así por mí, y muchas veces acepté su oferta.

Pero él y Patty no se llevaban bien. Ese era el problema con esta familia, el que no había podido identificar al principio. En mis hogares anteriores el papá siempre había sido el agresor. En este caso era mi mamá adoptiva. La pareja peleaba con frecuencia, y a menudo las cosas se salían de control.

Una vez la vi tirarle a la cara una lata de aerosol para el cabello. Ella gritaba mucho y, que yo supiera, no tenía amigos. Su forma de gastar era la causa de muchas de las discusiones. Esas peleas me hacían sentir que mi mamá adoptiva solo me quería ahí por el dinero. No es una sensación agradable, así que contuve mis sentimientos hacia ella mientras disfrutaba pasando el tiempo con los tres miembros más jóvenes de la familia.

❖ ❖ ❖

Aunque la vida en mis dos primeros hogares adoptivos –y en cierta medida en Orangewood– había sido dura, aprendí mucho y logré grandes avances. Por ejemplo, por primera vez uno de mis trabajadores sociales era un hombre. Aunque yo seguía con mi trabajadora social de Orangewood, supongo que sentían que el nuevo condado en el que vivía estaba suficientemente lejos de mi educación musulmana como para que yo tuviera la confianza de hablar con un hombre que no vivía en mi hogar. Y tenían razón. Ese tipo me agradaba. Él conocía a mi familia adoptiva por otros chicos que habían estado en esa casa, y era una persona excepcionalmente amable. Fue un gran apoyo para mí y disfruté enormemente nuestras sesiones.

Desafortunadamente, creo que mi nueva terapeuta era la peor que he conocido. Tenía miedo de que le dijera a Patty todo lo que conversábamos, y yo sentía que no podía hablar acerca de mis sentimientos sin el temor de que mis palabras fueran usadas en mi contra. Eso fue frustrante, porque mi terapeuta anterior había sido de gran ayuda y yo había estado esperando más de lo mismo.

Al poco tiempo decidí dejar la terapia. ¿Por qué desperdiciar el tiempo en algo que no era benéfico? Además, me había vuelto bastante buena para hablar de mis sentimientos con gente con quien me sentía cercana, en especial con Mark y mi trabajador social.

Ese otoño, que cumplí dieciséis años, ingresé a la secundaria como estudiante de segundo año. Tuve suerte, pues esta era una excelente escuela, llena de profesores talentosos y atentos. Finalmente me había puesto al corriente en mis estudios para mantenerme en un nivel parejo al de los demás, aunque me habían colocado en clases de apoyo de inglés. Pero también tenía clases regulares de inglés. ¡Progreso!

En casa, las peleas entre Steve y Patty me agotaban, y yo trataba de alejarme de eso tanto como podía. Cuando mi trabajador social me sorprendió al entregarme mi tarjeta de Seguridad Social y me dijo: "Ahora que tienes esta tarjeta, si lo deseas puedes tener un empleo y una licencia de conducir", pensé que era la solución perfecta. Si tenía una licencia, podría conseguir un empleo que me mantuviera fuera de casa, alejada de las peleas familiares.

Durante un tiempo que me había parecido eterno yo había anhelado ser independiente, y la libertad que implicaba conducir podía ofrecerme algo de eso. El examen escrito, no obstante, fue difícil para mí. De hecho, lo reprobé tres veces. Aunque para entonces podía leer en inglés bastante bien, por la forma en que estaba redactado el cuestionario muchas de las preguntas no tenían sentido para mí. Finalmente, una señora en la estación de prueba me preguntó si el inglés era mi segundo idioma. Cuando dije "sí", ella me explicó que existía la opción de que alguien me leyera el examen. Guau, qué diferencia. La cuarta vez que me presenté obtuve ciento por ciento de aciertos.

Patty y Steve tenían un Honda blanco, enorme y viejo, y me dejaban conducirlo. Lo manejaba como si fuera un camión, pero no me importaba. Al día siguiente conduje hasta el centro comercial, caminé y llené solicitudes de empleo en varios lugares. Yo sabía que mis opciones serían limitadas. El mercado laboral era muy competitivo, y sin experiencia sería casi imposible encontrar trabajo. En ese entonces −y posiblemente así sea hasta ahora− muchos egresados de universidades estaban aceptando empleos de bajo nivel que antes tomaban estudiantes de bachillerato. Aun así, unos días después Godiva Chocolatier me llamó para una entrevista. Estaba nerviosa por tener que hablar con un extraño que, en esencia, tenía en sus manos las llaves de mi futuro. No obstante, me entrevisté con una gerente agradable, ¡y pocos días después me llamó para decirme que el empleo era mío! No podía esperar para comenzar.

Ahora tenía auto y empleo. ¿Qué tal? Pronto comencé con una nueva rutina por las mañanas. Camino a clases paraba en una gasolinera y compraba unos *Cheetos Flamin' Hot* y una bebida *Monster Energy* que pagaba con el dinero que yo misma había ganado. De vez en cuando agregaba un poco de queso crema para untar los *Cheetos*. Mmm; ese era mi "saludable" desayuno. Para almorzar compraba en la cafetería de la escuela más *snaks* y una enorme galleta de chispas de chocolate que comía durante el resto del día. Unos meses antes había decidido dejar de comer carne. Por alguna razón ya no me atraía. Pero a pesar de que era vegetariana, tampoco estaba comiendo muchos vegetales.

Algo que me gustó de la escuela fue que varios de mis profesores me trataron como a todos los demás. Parece solo un detalle, pero para mí era algo muy importante. No había recibido ese trato en mucho tiempo, y no puedo decirles lo feliz que me hacía ser considerada una estudiante regular, en vez de alguien con quien la gente no sabía qué hacer.

Mis habilidades sociales habían mejorado un poco, pero aún había muchas cosas que yo no comprendía. No podía entender por qué había tantos chicos que se comportaban de manera grosera e irrespetuosa con sus maestros. ¿Por qué mis compañeros de clases no hacían sus tareas? ¿Por qué se quejaban de que sus mamás los dejaran en la escuela, como si fuera la peor cosa del mundo? ¿No se daban cuenta de la maravillosa oportunidad que era la escuela? La educación es un regalo que la gente en Estados Unidos disfruta en forma gratuita, y yo sé de primera mano que el proceso de enseñanza no está disponible para todos en otras partes del mundo.

La educación abre puertas a las oportunidades. No importa cuál sea tu sueño, será más fácil alcanzarlo si tienes las bases del conocimiento. Siempre he considerado la escuela como una oportunidad para hacer de mí una mejor persona, y nunca he entendido por qué otros no lo ven así. Ese fue y es uno de los mayores cambios en mi vida desde que me rescataron. ¿Por qué la gente no aprecia lo que tiene? ¿Por qué se engañan creyendo que tendrán una mejor vida si no hacen sus tareas ni aprenden las asignaturas?

A pesar de lo que pensaba de los otros chicos, descubrí que estaba haciendo algunas amistades. Curiosamente, mi nombre ayudó a hacerlo posible. *Shyima* es inusual en Estados Unidos, y tampoco es muy común en Egipto. Era el nombre de la hermana del profeta Mahoma, y la costumbre es que, por respeto, solo los bebés considerados especiales pueden llevarlo, y significa "de voluntad firme". La singularidad de mi nombre facilitó que mis maestros y otros estudiantes supieran quién era yo.

También ayudó el hecho de que mi inglés ya era aceptable. La mayoría de la gente me entendía y yo, a ella. Aprender el idioma de mi nuevo país había sido un proceso largo y lento, pero había valido la pena completamente. Cuando no puedes comunicarte es difícil hacer amistades duraderas o comprender por qué las cosas son como son.

La vida estaba mejorando, pero por dentro seguía siendo una persona hastiada. Ahora puedo mirar atrás y ver que no era la chica más amistosa, pero la gran mayoría de la gente no me había tratado bien. Debido a ello seguía teniendo problemas de confianza.

Una persona que me ayudó a confiar fue mi nueva amiga Amber Bessix. Íbamos al mismo colegio, y aunque la había visto al pasar por los corredores, no hablamos hasta que nos encontramos en el trabajo. Amber y yo nos convertimos en un gran equipo en Godiva, y llegó a ser una de mis mejores amigas.

Me gustaba mi empleo, aunque no estaba especialmente interesada en un puesto de vendedora. Conocer gente nueva y sentirme orgullosa por el trabajo bien hecho eran gratificaciones adicionales. También descubrí que cuando alguien que vestía ropa egipcia tradicional o hablaba un poco de árabe entraba en la tienda, de inmediato yo me sentía transportada a mis primeros años con mi familia. Así, mi trabajo me ofrecía un pequeño pero reconfortante pedazo de hogar.

Desde entonces todos los trabajos que he tenido han sido en tiendas minoristas. Desafortunadamente, las horas que pasaba de pie en el trabajo empeoraban mi artritis reumatoide (AR). Me diagnosticaron esta enfermedad cuando estaba con mi tercera familia adoptiva. Tenía hinchazones horribles en el cuerpo, se me formaban ampollas en las rodillas y las articulaciones me dolían tanto que limitaban lo que podía hacer. Además, mis músculos se ponían rígidos y a menudo no podía moverme en la mañana. Algunos días tenía dolores muy agudos y no podía ir a la escuela. De hecho, con frecuencia estaba tan entumecida que me tomaba horas levantarme de la cama.

Aunque había hablado de mis síntomas con mi médico y mis padres adoptivos, nadie me tomaba en serio. "Estás bien. Es la adolescencia", dijo mi doctor. Este hombre trataba a muchos chicos que estaban en hogares adoptivos. No sé si pensaba que no merecíamos toda su atención, pero la manera en que me ignoraba era casi grosera.

Para empeorar la situación, mis síntomas se agravaron con la edad. Un día me di cuenta de que había perdido once kilos en un período muy breve. "No puedo comer", le dije a Patty. "No puedo moverme". Mis padres adoptivos hicieron lo mismo que el doctor y no me creyeron. No le dirigí la palabra a mi mamá adoptiva durante tres semanas. ¡Así de furiosa estaba!

Con el tiempo, Steve reunió los requisitos para obtener un mejor seguro médico, y tan pronto como pude tomé la iniciativa y busqué un nuevo doctor por mi cuenta. Cuando llegaron los resultados de los estudios clínicos, no solo me dijo que yo padecía artritis reumatoide, sino que la enfermedad estaba tan avanzada que mis articulaciones se veían como las de una mujer de ochenta. Aunque no me agradó descubrir lo que tenía, me reconfortó que existiera un nombre para lo que estaba experimentando. Hasta ese entonces no tenía idea de qué estaba mal en mí.

El diagnóstico fue un gran alivio, porque ahora mi doctor y yo sabíamos a qué nos estábamos enfrentando y podíamos diseñar un plan para tratarlo. El primer paso de ese programa era acudir con un especialista. Este médico fue de mucha ayuda, y lo visitaba con frecuencia hasta hace algunos meses, cuando se retiró. Entre otras cosas, él me mostró que mis rodillas y muñecas eran las partes más afectadas de mi cuerpo. Yo estaba feliz de escuchar eso porque durante mucho tiempo le había estado diciendo a la gente cuánto me dolían esas articulaciones.

Fue difícil adaptarme a los medicamento para la artritis, especialmente porque no había dejado los que había estado tomando para el insomnio, la depresión y la ansiedad. La combinación de todos esos fármacos me provocó aftas en la boca y caída de cabello. Pero recuperé rápidamente el peso que había perdido, ¡y aun más!

Durante este proceso mi doctor preguntó por la historia clínica de mis padres y mi familia. Yo no tenía nada de eso. A veces no quiero decirle a la gente acerca de mi pasado, y por alguna razón esta fue una de esas ocasiones. En lugar de decir la verdad le dije que no había conocido a mi familia biológica. Mi trabajador social hizo un enorme esfuerzo por encontrar alguna información, pero no había nada que buscar. Esa es otra triste realidad de la esclavitud, del tráfico de seres humanos. Otras personas pueden tomar medidas preventivas para cuidar su salud si, por ejemplo, saben que en su familia ha habido cáncer de mama o infartos cerebrales. Probablemente yo no tendré esa oportunidad.

La artritis reumatoide no es curable, pero el tratamiento puede representar una gran diferencia en el bienestar de una persona y en lo que puede hacer físicamente. Ahora que sé que el calor ayuda a mis articulaciones, a menudo tomo largos baños con agua caliente. Nunca me he sentido bien en climas fríos y ahora puedo ver lo afortunada que fui al ir a vivir a California, en lugar de Maine, Montana o Minnesota.

Hoy sigo tomando medicamentos, pero también me aplico inyecciones de esteroides en las caderas cada dos meses. Mantenerme activa con ejercicio ligero me ayuda, así que camino tanto como puedo. Sin tratamiento, la artritis reumatoide te agota. Lo hizo conmigo. Por eso ahora tengo la precaución de cuidar muy bien de mi cuerpo.

Algún tiempo después de mi diagnóstico decidí dejar las demás medicinas, las que tomaba para el insomnio y la ansiedad, y el medicamento controlado para la depresión. Se acabaron. Todos. Los dejé porque no me gustaba cómo me hacían sentir, y hasta yo me daba cuenta de que era demasiado retraída y callada cuando los estaba tomando.

Creo que en ciertas circunstancias tomar medicamentos bajo la supervisión de un médico o terapeuta puede ser útil. Y que esos medicamentos fueron una ayuda tremenda al principio. Después de que me rescataron, y en los años que pasé con mis primeras dos familias adoptivas, estaba demasiado nerviosa, ansiosa y deprimida para funcionar bien. Pero ya no era esa niña asustada. Para mí, las medicinas habían hecho lo que debían hacer y las dejé. Además, era demasiado al sumarse los remedios para la artritis.

Mi gran preocupación acerca de mi enfermedad era que debido a ella yo no fuera capaz de desarrollar la carrera que había elegido: procuración de justicia. Desde el día en que me rescataron quise ayudar a otros como yo, personas que estuvieran en cautiverio. Más tarde descubrí que la AR no interferiría con mi objetivo, pero ese pequeño temor hizo que me concentrara en el primer paso para alcanzar mi sueño: convertirme en ciudadana de Estados Unidos.

CAPÍTULO ONCE

Durante todo ese tiempo se preparó la batalla legal contra mis captores. Mark Abend me visitaba con frecuencia y a menudo me llevaba al condado de Orange a reunirme con personal de la fiscalía. Para entonces ya esperaba con ansias esas reuniones, porque en cada una sentía que la Mamá y el Papá estaban más cerca de recibir su merecido. El que las hace, las paga.

Hubo muchas entrevistas, y los agentes me mantenían al tanto de sus planes para que se hiciera justicia. En algún momento me preguntaron si podían usar una carta que yo había escrito a mis captores. No sé si la Mamá o el Papá alguna vez la vieron, pero mi terapeuta pensaba que escribirla podría ayudarme. Ahora Mark y su equipo creían que podría servir en el caso si el juez pudiera leerla. No estoy segura de la fecha de la carta, pero de acuerdo con mi estilo de redacción, probablemente yo tendría unos dieciséis años. Aquí está lo que escribí:

Mi nombre es Shyima Hassan. Tengo una familia numerosa en Egipto, cinco hermanos y cinco hermanas. Eran los mejores hermanos de Egipto. Cuando estaba con ellos lo pasaba de lo mejor. Los quería mucho porque ellos también me querían y me hacían la vida fácil. Cuando necesitaba a alguien, ellos estaban ahí.

También tenía amigos en Egipto, alguien con quien estar y jugar. Sí, tenía amigos, como todos los demás. Además, tenía un papá y una mamá que me amaban antes de que ustedes los chantajearan y los obligaran a abandonarme. Ese fue el día en que pensé que mi vida había terminado. ¿Saben por qué? Porque ustedes me arrancaron de mi vida. Ese día también perdí mi fe en Dios. Me hicieron perder lo único que verdaderamente amaba en el mundo por todas las cosas que le dijeron a mi familia y por todo lo que me hicieron.

Ustedes hicieron mi vida miserable y no les importó. Me trataron como basura en Egipto y en Estados Unidos. Tuve que mantener la boca cerrada por lo que dijeron que le harían a mi hermana. Y sí, estoy lejos de mi familia por lo que ustedes dicen que ella hizo. Así que tengo que soportarlos, porque amo a mi hermana y no deseo verla en la cárcel. Ustedes no solo chantajearon a mi mamá y a mi papá, también chantajearon mi corazón.

Lejos de ustedes mi vida es mejor. Tengo una gran familia y ya casi termino el bachillerato. La vida es grandiosa sin ustedes y además sé que Dios está de mi lado. Estoy viviendo como una verdadera adolescente y cada día agradezco a Dios y a todos aquellos que me salvaron de ustedes.

❖ ❖ ❖

Me sorprendió descubrir que Mark estaba tan decidido a conseguir que la Mamá y el Papá pagaran por lo que me habían hecho. Fue a Egipto a ver a mis padres. Creo que esperaba reunir datos que sustentaran las acusaciones de la fiscalía. Yo traté de advertirle sobre el tipo de gente con la cual iba a encontrarse, pero aun así debió de haberse asombrado cuando conoció a mi familia.

Después Mark me contó que cuando se reunió con mis padres, un abogado y un taquígrafo estaban allí. Parecía que les preocupaba meterse en problemas y querían asegurarse de que el encuentro quedara registrado legalmente. Creo que el Papá pagó esos servicios para mis padres. Mark dijo que mi papá se veía débil y enfermo, ya que recientemente le habían hecho una cirugía a corazón abierto y que mi captor, el Papá, la había pagado.

Mark debió de haber quedado estupefacto por la falta de compasión que mostraron mis padres. Aun después de todo ese tiempo, en vez de decir: "Extrañamos a Shyima. La queremos. ¿Cuándo podemos verla?", le dejaron en claro que deseaban que yo volviera con mis captores.

Yo tenía la esperanza de que eso se debiera a que ellos no comprendían que lo que me habían hecho estaba mal. La mayoría de las personas disfruta de un nivel de vida en Estados Unidos, pero no era raro que las familias pobres de Egipto vendieran a sus hijos para que sirvieran a familias adineradas.

Creo que mis padres veían a sus hijos como oportunidades de ingreso. Tenían tan poco que, desde su punto de vista, todos debían aportar a las finanzas, incluidos los niños. Mi estancia con la Mamá y el Papá le generó a mi familia alrededor de cien libras egipcias al mes, que en ese entonces equivaldrían a unos diecisiete dólares estadounidenses. Muchas familias en Estados Unidos gastan más que eso en una comida en McDonald's.

Siempre se me dijo que la mayor parte de mi "salario" se había usado para pagar lo que mi hermana había robado. ¿Cuánto podía haber sido? Aun incluyendo la deuda de honor, creo que estuve retenida mucho tiempo después de que la deuda quedó saldada.

También supe que para ese entonces mis padres estaban viviendo en una casa de adobe, lo cual significa que les hacía falta el dinero que perdieron cuando me rescataron. Y por medio de fotografías que Mark tomó o que le dieron, pude ver que sus ropas estaban tan sucias y gastadas como cuando me abandonaron. Pero ¿saben una cosa? No importaba. No había sido mi decisión dejar a mi familia. No me habían dado la opción de quedarme, y puedo decir que si me hubieran dejado a elegir, jamás habría abandonado a mis seres queridos.

No me importaba que no tuviéramos casi nada. Teníamos el amor de unos hacia otros, y a fin de cuentas eso es lo único importante en la vida. El hecho de que la casa de mis captores fuera mejor que la de mi familia no significaba nada para mí. No hay muchas personas que estén dispuestas a aceptar una casa linda a cambio de jornadas de trabajo de veinte horas al día, sin remuneración, sin vacaciones ni días libres, sin servicio médico, siendo abofeteada y escuchando continuamente que eres una estúpida. Aun ahora me enfurezco de solo pensarlo.

Mi hermana, la que había robado, también estaba dispuesta a declarar en favor de mis captores. Después de escuchar eso solo pude suponer que mi papá o el abogado le habían indicado qué decir. "Ellos me trataron muy bien cuando estuve ahí", decía una y otra vez en la entrevista grabada. Si eso era verdad, ¿entonces por qué les había robado?

Después hubo que esperar. Otra vez. Estaba aprendiendo que el proceso legal en Estados Unidos tarda mucho tiempo. Mientras aguardaba, estuve ocupada en el trabajo y yendo a la escuela, pero no le dije a mucha gente lo que estaba ocurriendo. En general, mantuve en privado mi vida anterior. Especialmente en la escuela. Aunque sabía que se acercaba un juicio que podría producirme una enorme satisfacción, pocas personas además de mi familia lo sabían. Ello se debía, en parte, a que deseaba ser una chica normal; pero también a que lo último que quería en el mundo era volver a ver a la Mamá y el Papá. Pero cuando llegó la hora de confrontarlos, lo hice.

Tenía tantos deseos de que mis captores fueran declarados culpables que casi podía saborearlo, pese a que hablar en su contra con ellos en la sala fue una de las cosas más difíciles que he hecho. Estaba feliz de que Mark estuviera allí para ayudarme en esa tarea tan desagradable. Mi papá adoptivo me apoyó, pero siempre pensé primero en Mark cada vez que la palabra "papá" aparecía en mi mente. Todavía me asombra que él haya dedicado tantos años de su vida a demostrar la culpabilidad de mis captores. No tenía que hacerlo y, honestamente, la mayoría de las personas no lo habría hecho.

En la primera etapa del proceso, Robert Keenan y Andrew Kline fueron asignados a mi caso. Necesitaba dos abogados porque cada uno de ellos dominaba diferentes áreas, y este caso era bastante complejo porque abarcaba muchos ámbitos de la ley. Robert trabajaba en Los Ángeles y Andrew, en Washington DC. Los dos me prepararon para el juicio y me hicieron pasar por muchos cambios de último minuto. Odiaba revisar esos terribles recuerdos con tanta profundidad como lo hicimos, pero sabía que era la única forma de lograr que esa gente pagara. No tenía noción de lo que significaba "pagar" en términos de tiempo en prisión, pero esperaba que implicara una larga estancia tras las rejas. Sin embargo, sí sabía que mientras más información tuvieran Mark y los abogados, mayor sería la posibilidad de lograr una sentencia y una condena severa.

Una de las cosas que tuve que hacer fue mirar grabaciones de video de cuando estuve en cautiverio. Ese fue un proceso duro para mí. Las grabaciones habían sido confiscadas junto con otros documentos y registros poco después de que me rescataron. Mientras los miraba, Mark y los abogados me hacían una pregunta tras otra acerca de lo que ocurría con la familia en el momento de la grabación. ¿Quiénes aparecían? ¿Qué estaban haciendo o diciendo? Y lo más importante: ¿dónde estaba yo?

Queríamos demostrar por medio de las imágenes que yo no era parte de la familia. Al parecer, la Mamá y el Papá planeaban alegar que sí lo era. En un video estaban celebrando el cumpleaños de la hija menor. Todos los miembros de la familia aparecían sentados a la mesa del comedor, rodeados de platos, vasos, cubiertos y mucha comida. Yo entraba y salía de la escena para retirar platos, traer más agua y servir más platillos para que la gente comiera. Si formaba parte de la familia, ¿por qué no estaba sentada a la mesa, pasándola bien como todos los demás?

Me sorprendió enterarme de que mi familia había aceptado que la filmaran. En la grabación decían cuánto me querían y me extrañaban, y cuánto deseaban que estuviera de regreso en casa con ellos. Ese video fue el que más me costó mirar. Tenía muchas emociones mezcladas, pero sobre todo, me hizo sentir triste. Luego recordé las numerosas ocasiones en que mi papá me gritó por no querer regresar con mis captores, y en todas las veces que mi mamá me dijo que debía quedarme. También pensé en mi hermana, quien había cambiado el curso de mi vida con sus acciones.

Finalmente empecé a llorar. Mark miró a Robert y Andrew, y ellos se retiraron de la habitación; luego se sentó a mi lado y trató de darme valor. "No importa lo que ellos digan. Ya no están en tu vida. Tienes mucho apoyo aquí. *No* dejes que esa gente te desanime", dijo.

Él tenía razón, pero más que lo que habían dicho en el video, la parte más triste fue no recordar a ninguna de las personas que aparecían, salvo a mis padres. Qué terrible fue eso. Debí haberlos reconocido a todos; los movimientos de mi madre, la forma en que mi hermana inclinaba la cabeza, pero no lo hice. Solo pude notar que mi mamá se veía mucho más vieja y que mi papá, que siempre había sido pequeño y delgado, había perdido aún más peso.

En la superficie parecía que era un caso bastante claro: mis captores me habían retenido contra mi voluntad, lo cual viola numerosas leyes, tanto estatales como federales. Pero aprendí que un caso como este nunca es fácil. Por principio de cuentas, hay que resolver cuestiones de jurisdicción. ¿Qué órgano de procuración de justicia debe iniciar el proceso, y por qué delito en particular? Luego está el hecho de que en Estados Unidos opera un sistema según el cual el acusado es inocente hasta que se demuestre lo contrario. Todos tienen derecho a un abogado, y después de que la Mamá y el Papá se negaron a declarar, su equipo legal hizo todo lo posible por retrasar la justicia. Es sorprendente la cantidad de obstáculos que puede interponer una de las partes en un pleito legal.

Mark, mis abogados y yo nos preparamos una y otra vez para el juicio. Yo estaba extremadamente nerviosa. No quería tener que pasar por eso, sentarme en un tribunal día tras día y mirar a la gente que me había robado mi niñez. Pero estaba lista e iba a hacerlo. Sin embargo, en el último momento mis captores se declararon culpables. Supongo que hasta sus abogados pudieron ver que la evidencia contra ellos era suficientemente sólida y que irían a la cárcel. Deben haberles advertido que no podían ganar en un juicio ante un jurado y que sus sentencias serían menores si se declaraban culpables. Lo único que estaba pendiente era determinar a cuál prisión iban a ir y por cuánto tiempo.

No estuve ahí cuando ellos confesaron, pero luego escuché que el juez había llorado. Estoy más que feliz de que la gente que puede marcar la diferencia conociera las mentiras de mis captores.

La declaración de culpabilidad significaba que no tendría que sentarme en el estrado de un tribunal como un espécimen para que mis captores me vieran. Solo debía permanecer en las galerías (la sección destinada al público) para la audiencia de sentencia, en la cual se determina qué castigo se le impone al acusado por el delito que ha cometido. Ambas partes pueden llamar testigos a declarar durante la audiencia, lo que ayuda al juez a tomar una decisión sobre el castigo apropiado. Los acusados pueden declarar en su defensa, y la gente a la que han agraviado tiene la oportunidad de dirigirse a ellos. Eso significaba que podía decirles a la Mamá y el Papá lo que quisiera y ellos tendrían que permanecer sentados y soportarlo.

Hubo un momento en que hubiera aceptado esa oportunidad sin pensarlo. Desde luego, tenía mucho que decirles. Pero ahora solo quería terminar con eso. Los aborrecía con tanta vehemencia que no quería usar energía alguna en ellos. Simplemente no merecían mi tiempo. Todo lo que deseaba era estar en la audiencia y ver con mis propios ojos que mis captores finalmente iban a recibir lo que merecían. Eso era suficiente para mí.

Ese gran día llegué al tribunal del condado de Orange con Steve y Patty. Estaba nerviosa y sentía náuseas. No había visto a la Mamá y el Papá en muchos años, y de toda la gente del mundo, eran a los que menos quería ver.

Cuando entramos a la sala del tribunal los pude distinguir al frente, a la derecha. Muchos de sus amigos y miembros de su familia se sentaron cerca de ellos. De hecho, toda el ala derecha estaba llena de gente que los apoyaba.

Mark, Robert y Andrew se ubicaron al frente a la izquierda y yo me senté con Steve y Patty en medio de la sala, detrás de ellos. Las únicas personas que también estaban de ese lado eran los reporteros. No tenía idea de cómo se enteraron, pero había algunos.

Por momentos, la Mamá y el Papá recorrían la sala con la mirada, al igual que muchos de sus defensores, pero no creo que ninguno me haya reconocido. ¿Y cómo habrían podido? Además del hecho de que ya era casi una graduada de bachillerato y no una chiquilla ignorante, todo mi comportamiento había cambiado. En lugar de una niña sumisa e intimidada, era una joven franca y directa y podía defenderme casi en cualquier parte. Pero habría preferido no estar ahí. Quería justicia, pero sabía que, emocionalmente, los siguientes minutos iban a ser los más difíciles de mi vida.

La Mamá fue la primera en subir al estrado. Me dijeron que había estado tomando clases de inglés, pero seguía hablando por medio de un traductor. Sin embargo, yo recordaba suficiente árabe como para comprender lo que decía. Entendí con claridad sus primeras palabras cargadas de odio: "No puedo creer que ustedes lleven a cabo esta audiencia en un día santo, cuando yo debería estar con mis hijos", gritó.

La audiencia se llevó a cabo durante una festividad musulmana menor, pero lo que me enardeció fue que yo no había visto a mi familia en casi nueve años y la Mamá se estaba quejando de que ella no podía estar con la suya por un día. ¡Cómo se atrevía!

Luego dijo con respecto a mí: "Si yo le hubiera preguntado si quería irse a casa y ella me hubiese dicho que sí, es lo primero que habría hecho, pero nunca le pregunté".

Eso fue el colmo. Le había pedido una y otra vez irme a casa. Ella había estado ahí cuando yo hablaba por teléfono con mis padres y lloraba y rogaba que me permitieran regresar. Empecé a ponerme nerviosa y a retorcerme. Mark no tardó en notar mi ansiedad y me pasó un bolígrafo y una hoja de papel, donde empecé a anotar palabras tan rápido como pude.

Casi salté de mi asiento cuando la Mamá dijo: "Le di de comer, la vestí y la traté como a mis propios hijos". ¿En serio? Jamás vi a sus hijos dormir en la cochera, lavar su ropa en una cubeta, o cocinar, limpiar o lavar la ropa. ¡Por Dios! Yo incluso tenía que poner la crema dental en los cepillos de los gemelos. Me enfurecía que la mujer no asumiera responsabilidad alguna por arruinar mi niñez. En absoluto.

El único momento en que su actitud de ofendida pareció quebrarse fue cuando le preguntaron por qué no me había enviado a la escuela. Entonces titubeó y ofreció una serie de excusas que no tenían mucho sentido para nadie.

El Papá no dijo gran cosa cuando subió al estrado, excepto: "Quiero disculparme con Shyima". Mark y algunos otros pensaron que había mostrado un poco de compasión, pero para mí solo había dicho esas palabras con la esperanza de obtener una reducción de su sentencia. Durante los años que viví en su casa me volví bastante buena para interpretar su lenguaje corporal.

Yo no había planeado hablar. No quería hacerlo. Pero después de que terminaron la Mamá y el Papá, Mark volteó hacia mí con una mirada inquisitiva, entonces salté de mi silla y me dirigí al frente de la sala. Por las expresiones de todos, creo que quienes estaban del lado de mis captores no se habían dado cuenta de que yo estaba ahí.

"¡No puedo creer que ella haya dicho que hoy es un día festivo!", grité. "Por su culpa no he visto a mi familia en nueve años. ¿Quieren hablar acerca de pisotear a la gente? Bueno, ella lo hace. Jamás me trató como su hija. Nunca. ¿Dónde estaba su amor cuando se trataba de mí? ¿No era yo un ser humano? Dormía en la cochera sin luz y atendía todas sus necesidades aunque estuviera enferma. Me sentía como si no fuera nadie cuando estaba con ellos. Lo que me hicieron me afectará por el resto de mi vida, y ahora estoy mucho, mucho mejor sin ellos".

Luego empecé a llorar. Andrew se acercó y me consoló mientras me llevaba de regreso a mi asiento. Odiaba tener tanta rabia encerrada dentro de mí y que me hiciera llorar. Odiaba tener que estar allí ese día. Odiaba ese aire de arrogancia y superioridad en los ojos de la Mamá. Y odiaba el tráfico de personas más de lo que podría expresar. La esclavitud, o como quiera que se le llame, es un crimen.

Minutos después el juez dio a conocer su decisión. El Papá fue sentenciado a tres años; y la Mamá fue condenada a 21 meses, que fue el tiempo que yo estuve retenida contra mi voluntad en su casa en Estados Unidos. Además de estas sentencias, se les ordenó pagarme 76.137 dólares. Suma que equivalía a lo que me habrían pagado si yo hubiera ganado el salario mínimo por el número estimado de horas que "trabajé" para ellos después de que llegué al país. Estaba emocionada por el dinero, pues era una suma considerable, pero me sentía decepcionada por la duración de las condenas. Esperaba que permanecieran tras las rejas un tiempo mucho más largo.

Sin embargo, mi decepción no duró mucho, pues Mark me tenía reservada una sorpresa. Antes de que alguien pudiera salir de la sala del tribunal, las puertas se cerraron. Entonces los condenados fueron escoltados al corredor. Poco después, Mark me pidió que lo siguiera. Yo no sabía qué esperar y estaba confundida, pero confié en que él no permitiría que nada malo me pasara.

En el vestíbulo encontré a la Mamá y el Papá rodeados por agentes de la ICE. Mark me había acompañado como amigo, pero había llamado a sus colegas del Servicio de Inmigración y Control de Aduanas porque las visas temporales de ellos habían expirado hacía mucho. Ambos estaban en el país de manera ilegal.

"Quería que vieras esto", dijo Mark, mientras los agentes les colocaban las esposas. El Papá solo se quedó parado, pero la Mamá comenzó a gritar.

¿Y yo? Yo tenía una enorme sonrisa. ¡Esa era la mejor escena del mundo! Las expresiones de horror en las caras de la Mamá y el Papá no tenían precio. Incluso pude ver cuando los registraron en busca de armas. Luego supe que sus hijos gemelos estaban ahí. Al principio no los reconocí porque habían crecido mucho. Además, era difícil observar su aspecto porque estaban llorando y gritando tan fuerte como los detenidos. Hasta los abogados de la familia vociferaban. Con todo, era algo digno de verse.

Mark y su equipo estaban emocionados. ¡Yo también! Años y años de trabajo habían dado frutos y mis captores habían recibido su merecido. Este resultado hizo mucho para restaurar mi fe en la decencia humana. Todo el mundo, incluido el juez, había visto la injusticia que tuve que soportar mientras viví con esa gente. No solo eso: estos amables agentes habían tomado medidas para enmendarlo. Eso, a mi parecer, era algo inmenso.

Cuando nos dirigíamos al elevador, un reportero de *Los Angeles Times* se acercó para pedirme una entrevista. "No, gracias", dije. Tenía demasiadas emociones alrededor y dentro de mí y no podía concentrarme en algo así. Pero Patty insistió, así que acepté reunirme con el reportero en un pequeño restaurante situado junto al tribunal. Sin embargo, camino al elevador, los abogados de la Mamá y el Papá se habían tranquilizado un poco y trataron de detenernos. "Solo queremos hablar. Tal vez todo fue un malentendido", dijo uno de ellos.

Antes de que me diera cuenta de lo que pasaba, Mark, Robert y Andrew los interrumpieron. "Ustedes no pueden acercarse a Shyima", dijo uno. "No pueden hablarle ni tampoco estar en el mismo elevador".

Tuve la entrevista con el reportero a pesar de que me enojé por la insistencia de Patty en que lo hiciera. Esperaba que ella hubiera respetado mis deseos, sobre todo en ese momento. Estaba especialmente molesta porque parecía disfrutar la atención, en lugar de dejar que aquel fuera mi día.

Después Mark me envió fotografías de la Mamá y el Papá en prisión. Cada uno vestía un overol naranja, y debo decir que el naranja no es el color que mejor le queda a la Mamá. Esas fotos hicieron dos cosas por mí. Primero, me hicieron sentir, más que nunca, deseos de formar parte de las instituciones de procuración de justicia. El sistema había funcionado bien para mí, y quería ayudar a que funcionara para alguien más.

Segundo, las fotografías eran un gran recordatorio visual de que el caso estaba cerrado y que mis captores no irían a ninguna parte por un tiempo. Eso fue un enorme alivio para mí, y por primera vez desde que me separaron de mi familia me sentí relajada por dentro. Pude respirar.

CAPÍTULO DOCE

Cuando ya llevaba un tiempo con Steve y Patty, vino a vivir en adopción temporal una niña como de diez años, pero poco después le dijo a una maestra que algo malo le había pasado en nuestra casa. La maestra llamó entonces a la trabajadora social de la niña. Hubo varias entrevistas y reuniones, y el resultado fue que se llevaron a la niña.

Toda la situación me tenía muy enojada, porque aunque Steve y Patty no eran perfectos, no le pasó nada malo a la niña cuando estuvo con nosotros. No sé bien por qué habrá dicho mentiras, pero días después los trabajadores sociales comenzaron a hablar de sacarme también de la casa. Yo no quería, porque empezaba a asentarme. No quería regresar a Orangewood, ni pasar por los trastornos emocionales de dejar a mis hermanos adoptivos para establecerme con otra familia.

Entonces, la trabajadora social en mi presencia les dijo a Patty y a Steve: "Se podría impedir el traslado, si obtienen la custodia de Shyima. ¿Qué piensas, Shyima? ¿Te quieres quedar con ellos?". Respondí que sí con la cabeza. Pensaba que sería buena idea. Y entonces llegaron noticias aún mejores: "Si ustedes adoptan a Shyima, ella podría obtener la ciudadanía de Estados Unidos", indicó la mujer.

Naturalizarme estadounidense se había convertido en mi sueño. Por entonces, ese era mi hogar, y mis días de querer volver a Egipto habían quedado muy atrás. Cuando la mujer nos explicó que todo hijo de ciudadanos estadounidenses adquiere también la nacionalidad, acepté continuar con la adopción.

Mis trabajadores sociales han sido de gran importancia para mí. Me ayudaron a adaptarme a la vida en Estados Unidos y se aseguraron de que se cubrieran mis necesidades; eran personas con las que podía contar una y otra vez. Una trabajadora social de Orangewood me ayudó a solicitar mi tarjeta verde (de residente) y la del Seguro Social. Con ellas pude recibir atención médica y muchos otros servicios. Me alegraba tener esa red de seguridad, porque no había nadie más que me cuidara. Con el tiempo aprendí a confiar en mis trabajadores sociales y en su orientación a través de complicados sistemas.

Tengo que decir que Steve y Patty no se oponían a la idea de adoptarme. Lo que me preocupaba es que se peleaban con frecuencia y no estaba segura de querer ser algo más de lo que ya era en esta familia, aunque me había encariñado con mis hermanos.

Pero si la adopción me permitía obtener la ciudadanía, estaría de acuerdo. Mi deseo de formar parte de verdad de mi nuevo país era mayor que mis sentimientos de intranquilidad sobre mi familia adoptiva, así que me decidí. Para mi sorpresa, el trámite fue sencillo. Varios trabajadores sociales llenaron unos papeles para que los firmaran mis padres adoptivos y se fijó una fecha para ir a un tribunal.

El gran día, Steve, Patty y yo fuimos al palacio de Justicia. De camino, mis futuros mamá y papá tuvieron una gran pelea. Patty estaba furiosa porque la falda que quería llevar no estaba bien lavada, y Steve y yo tuvimos que oírla vociferar quejas durante la hora y pico que tardamos en llegar al tribunal. Me sentía enojada con ella, pero también con Steve, porque nunca intervenía para decirle qué ridícula era su conducta.

Con los años, Mark Abend se convirtió en lo más cercano que tuve a un padre, y él nos alcanzó ahí. Estaba contenta de que pasara ese día tan especial conmigo. Además, era un colchón agradable entre mis pendencieros padres adoptivos y yo.

En la sala, la jueza me dejó sentarme en su asiento. Me encantó. Luego dijo: "Steve y Patty, ¿aceptan tratar a Shyima como suya y cuidarla como harían con sus hijos naturales?". Ellos respondieron al mismo tiempo: "Sí, aceptamos". Después, la jueza firmó la orden, nos tomamos fotos con ella, y ¡bum!, ahí estaba yo con mis verdaderos padres.

Para celebrar nos fuimos a comer a un lindo restaurante francés. Mark no pudo venir, pero sí estuvieron algunos miembros de mi nueva familia. Todos los pleitos de la mañana quedaron en el olvido y fue uno de los días más agradables que he tenido.

Pensé que me sentiría diferente al ser parte legal de la familia, pero no fue así. Mis padres continuaban discutiendo. Su sobrino, que era mi nuevo primo, todavía no me quería mucho. Seguía con mi artritis, iba a la escuela y trabajaba. La vida continuaba, nada más que ahora tenía un nombre nuevo.

Nací como Shyima El-Sayed Hassan, pero cuando supe que había una oportunidad de cambiar mi nombre durante el trámite de adopción, me puse de segundo nombre Janet-Rathiba. "Janet" por la abuela de Patty, una mujer dulce y maravillosa a quien adoraba. "Rathiba" era el nombre de mi propia abuela, a la que amé allá, muy lejos, en Egipto. No sabía si aún vivía, pero quise llevar su nombre para honrar el amor que sintió por mí. En retrospectiva, me asombro de haber recordado su nombre. Había olvidado cómo se llamaban otras personas que también fueron importantes cuando vivía con mi familia biológica.

Poco tiempo después de la adopción, llamé a un número que estaba en la hoja que me habían dado con mi tarjeta verde. Era el número para preguntar sobre la ciudadanía. Me sentía mareada de la emoción. Por desgracia, mis esperanzas se frustraron cuando averigüé que mi trabajadora social se había equivocado: solo la hubiera obtenido automáticamente si me hubieran adoptado antes de cumplir los dieciséis. Acababa de pasar por mi cumpleaños diecisiete y debía esperar hasta los dieciocho para poder solicitarla.

Además, tendría que pasar por una entrevista larga y hacer un examen minucioso.

Pero el plazo fue mucho más largo. Resultó que podía iniciar el trámite cinco años después de obtener la tarjeta verde –me la habían dado a los quince–, y eso solo si no me habían acusado de ningún delito. Me sentí devastada cuando me enteré. Primero, se me fue el corazón al estómago y luego me llené de pensamientos amargos. ¿Qué más podía esperar?, me dije a mí misma. *Los demás nunca aciertan cuando se trata de mí.* No estaba enojada con la trabajadora social, pero me sentía desalentada. Más que nada, quería pertenecer a mi nuevo país. Pero después de pasar unos días muy deprimida, hice de tripas corazón y pensé: *Si tengo que esperar tres años, esperaré. Más vale tarde que nunca.*

Había dejado de fingir que era musulmana cuando me fui a vivir con Patty y Steve, porque estaba cansada de que cada familia adoptiva me impusiera la religión islámica. Había estudiado el Corán con mis primeros y segundos padres de adopción temporal. Normalmente, el padre de cada familia leía en voz alta, y una frase que me quedó grabada decía algo así como: "Debes respetarme". Se refería a los hombres musulmanes pero, desde mi perspectiva, ellos no habían hecho nada que ameritara mi respeto. Pensaba que la exigencia de respeto que no se había ganado era hipócrita. Me sometieron a cumplirla una y otra vez en mis primeros años y no quería más. Estaba más que lista para algo diferente.

Mi nueva familia pertenecía a una iglesia cristiana de la comunidad, y comencé a ir al culto. No siempre estuve de acuerdo con las políticas del pastor, pero me caía bien como persona y sé que actuaba siempre por compasión a los demás. Además, fui a la iglesia de mi amiga Amber, que también era cristiana. Últimamente he estado yendo a una iglesia católica y he visto que son abiertos y me aceptan.

Para mí, todo se reduce al hecho de que Estados Unidos se fundó sobre el concepto de la libertad religiosa. Tenemos que respetar eso. Nos cubre un solo cielo azul y creo que el mismo Dios nos puso aquí. Todos los días rezo por la gente que quiero, y aunque no lo haga como ustedes, creo que Dios escucha nuestras plegarias sin importar qué religión practiquemos.

Durante muchos años me obligaron a hacer en nombre de la religión cosas en las que no creía. Desde algo simple como usar el hiyab, hasta la práctica de la esclavitud infantil, que es común entre muchas familias musulmanas de Egipto, pero ya no quería que me lo exigieran. Quería practicar una religión por decisión propia, y no porque un musulmán me golpeara si no lo hacía.

Además de la nueva iglesia, descubrí que me gustaba hacer deporte. Comencé a jugar fútbol en 2005 y contaba los días que faltaban para entrar al campo de juego. Antes nunca había tenido esa oportunidad y creo que es magnífico estar en un equipo. Todavía me quedaban enojos por cómo me había tratado la vida, y patear la pelota con todas las fuerzas me servía para disiparlos. Pero debía tener cuidado de no excederme, para que no empeoraran mis síntomas reumáticos. Jugué fútbol en una liga local hasta que tuve diecinueve. Cada temporada tenía nuevas compañeras y diferente entrenador, y esa era una excelente manera de conocer personas y divertirme mucho.

Durante un tiempo también jugué béisbol fuera de la escuela. No puedo describir la felicidad que sentí la primera vez que ingresé a un campo de juego. Hay una gran diferencia entre ver los partidos desde afuera y ponerme yo misma un guante y ser parte del juego. Pero mis nuevos padres eran parte del cuerpo técnico, así que llevaban a la banca sus inacabables pleitos. Bastante tenía en casa, y sus eternas discusiones me arruinaban el juego. Peleas aparte, descubrí que me gustaba mucho más ir a ver béisbol que jugarlo, porque no tenía tanta acción en el campo como el fútbol. Y, para ser franca, no era muy buena para batear y atrapar la pelota.

También estuve un tiempo en el equipo de la escuela, pero era demasiado fuerte para mis articulaciones. Además, los entrenamientos constantes me quitaban horas de estudio. Salvo Matemáticas y Literatura, estaba casi al día, aunque me tardaba más que mis compañeros en terminar la tarea.

Mientras esperaba con impaciencia el día para presentar mi examen de ciudadanía, en el penúltimo año del secundario me inscribí como voluntaria en el Departamento de Policía local, en el programa de exploradores. Este programa es para jóvenes de catorce a veintiún años que hayan terminado el segundo año de la secundaria.

Los candidatos pasan por un proceso de selección muy riguroso y deben tener un buen promedio escolar.

Desde que me rescataron he querido hacer una carrera en la policía, y esta era una gran oportunidad para poner un pie en la puerta; pero aunque estaba cerca, no significaba que me aceptarían.

Además de llenar una montaña de papeles y poner mi huella digital, me entrevisté con un detective que cumplía el rol de asesor del programa. Él, o alguien de su departamento, revisó mis antecedentes. Después tuve que reunirme con un cabo, y luego, con el jefe de la Policía. Me sentía muy temerosa de esa junta. Unos años antes me hubiera aterrorizado cualquier agente del orden, y ¡ahora tenía que entrevistarme con el jefe de la Policía! Pero este resultó ser un hombre agradable y pasó casi todo el tiempo preguntándome sobre mis metas personales y educativas. Incluso me dio algunos consejos sobre las posibles universidades. Me cayó bien; no podía esperar el día de empezar.

En mi grupo de candidatos éramos unos diez y fuimos uno de los primeros en pasar por el programa. Me sentí emocionada cuando me entregaron mi uniforme, que consistía en pantalones negros de vestir, una camisa azul claro de manga larga y hombreras negras, y varios parches oficiales cosidos en las mangas. Además llevaba una corbata y un cinturón negros, y broches en las puntas del cuello. Como tenía el pelo largo, me pidieron que me lo recogiera. Cuando vi la fotografía que me tomaron para los archivos del departamento, debo decir que me veía como la joven oficial que era.

Pero antes de ser una oficial completa, tenía que aprobar un examen. Y debía esperar treinta días para tomarlo, pues quienes elaboraron el programa entendían, con buen criterio, que los exploradores primero necesitaban un poco de experiencia práctica. El examen tenía unas treinta preguntas y me fue bien, aunque casi todos los de mi grupo, incluida yo, contestamos mal la última, que era la más importante. Esta decía más o menos: "¿Cuándo debe usar la radio de la policía un explorador?". No me acordé la respuesta, aunque sabía que la habíamos visto varias veces. Por cierto, esta es: "Solo en una emergencia o cuando lo indique un oficial".

Durante el entrenamiento, los exploradores pasamos por un programa intensivo de verano de una semana en una academia de policía en Riverside, California. Cuando llegamos, nos dividieron en grupos según a qué ciudad pertenecíamos. Terminé como la única persona de mi área local. Cada grupo se alojó en una cabaña y teníamos que turnarnos de noche para "cuidar" la cabaña y a nuestros camaradas exploradores. Ahí aprendí mucho sobre aplicación de la ley y los procedimientos legales. También dedicamos mucho tiempo a simulacros y a correr, como harían los policías verdaderos. Y aunque los exploradores íbamos desarmados, tuvimos entrenamiento de tiro. Aprendí sobre varios tipos de armas, cómo limpiarlas y hasta pasé un tiempo tirando al blanco.

El entrenamiento fue riguroso e intenso, y varios lo abandonaron, aunque los de mi pueblo ni siquiera lo pensamos. Fue una semana dura, pero sabíamos que nos iría mucho peor con nuestros supervisores locales si no completábamos el curso. Además, sentíamos tal orgullo que no queríamos decepcionar a nadie de nuestro departamento de Policía, ¡y no lo hicimos!

Al volver a casa empezó la diversión de verdad. Trabajaba directamente con oficiales en servicio. En mi turno, podía circular con un policía y entregarle papeles, como por ejemplo una solicitud para remolcar un vehículo; o podía llenar los papeles en un semáforo para levantar infracciones por exceso de velocidad o por no hacer las señales obligatorias. Estaba entrenada para transmitir información por la radio de la policía, si un oficial me lo ordenaba.

Como exploradora, también iba a reuniones públicas, como el festival local de la cereza, carreras de bicicletas o ciclos de conciertos de verano. Dirigía el tráfico o me unía al equipo para recoger basura, ayudar en la cocina de nuestro sector (que servía comidas a los más necesitados) o hacer mandados para los oficiales.

En otras ocasiones llenaba informes para la división de archivo del departamento de Policía y, con tanto, acabé por conocer a casi todos los agentes y a muchos de los empleados administrativos. Lo mejor fue poder tender una red con los cuerpos de seguridad, y aprendí mucho sobre la carrera que había elegido. Fue una experiencia invaluable y me quedé hasta llegar a la edad límite de veintiún años.

Pero no fue suficiente. Me quedé otro año como patrulla voluntaria. Es un programa en el que los ciudadanos (casi todos personas retiradas) circulan por la población en su propio vehículo y avisan si hay actividades sospechosas. Me sentía orgullosa cuando ponía el letrero VOLUNTARIA en mi coche, porque sabía que estaba ayudando al departamento.

Durante mi penúltimo año de secundaria, y mientras me adaptaba a mis nuevas funciones como exploradora, Patty consiguió que un reportero del periódico local me entrevistara. En ese entonces no sabía con seguridad por qué ella concertó la entrevista, pero el resultado fue que mi historia de esclavitud y rescate apareció en ese periódico. Tengo que decir que por mucho que haya odiado la atención pública, también impulsó mi vida social en la escuela.

Antes de que se publicara el artículo tenía un pequeño círculo de amistades y un grupo más amplio de conocidos para los que yo era la chica con acento, la chica con el nombre curioso o la chica en adopción. Pero cuando todos leyeron la nota y se enteraron de mi pasado, uno tras otro se acercó a hablar conmigo. Así conocí a muchos chicos y a algunos maestros que me veían con una expresión extraña, que pudo ser de admiración. Fue mi primera experiencia con el poder de la prensa, pero no el último.

El mismo año aparecí en el *Reader's Digest*. Tampoco quería hacer esa entrevista, pero Patty la organizó y me alentó. Me dijo que si compartía mi historia, ayudaría a otras personas.

No lo niego, pero estaba terminando la secundaria. Me había perdido una parte tan grande de mi niñez, que quería saborear el único año que me quedaba antes de la graduación. Quería ser una niña. Por primera vez en mucho tiempo, era feliz. No me gustaba que me llevaran a mi pasado. Tenía que centrarme en el presente y en mi futuro, y las entrevistas estorbaban. Sí, me interesaba ayudar a los demás y sabía que podía dedicar el resto de mi vida a eso. Pero primero quería crecer.

Por otra parte, no me sentía a gusto con la atención que generaban las entrevistas. El primer artículo había estado bien. La gente cercana pudo conocer más de mí y gracias a eso me relacioné mejor que antes. Pero después di varias entrevistas y en casi todas se cruzó la línea de la privacidad. En aquel tiempo no me agradaba que unos desconocidos supieran tanto de mí. Esa información de más y la atención que suscitaba solo servían para hacerme distinta de mis compañeros de la escuela. En lugar de decirme: "¡Vaya, Shyima! Has tenido una vida asombrosa", lo cual hubiera estado bien, casi todo lo que oía era: "Pobre de ti". Era deprimente.

No quería esa atención negativa ni entendía por qué no podían dejarme tranquila. En vez de aumentar mi círculo de amigos, las últimas entrevistas lo achicaron, y me refugié en mi interior.

El año siguiente me enteré de que me habían pagado por algunas entrevistas. Vi una carta de la oficina de recaudación fiscal con mi nombre, que se refería a unos impuestos, y le pregunté a

Patty y Steve de qué se trataba. Resultó que como era menor de edad, el dinero se depositó en una cuenta bancaria que abrieron a mi nombre, pero a la cual tenían acceso. Costó mucho trabajo arreglar los formatos fiscales. Entre tanto, seguí dedicando todas las horas que podía al programa de los exploradores y al trabajo. Había dejado mi empleo en Godiva y en mi último año de bachillerato dedicaba hasta veintidós horas por semana a Kipling, una tienda elegante que vendía bolsos para dama, mochilas y accesorios para viaje. La compañía brindaba un gran servicio a clientes, y yo vendía fácilmente los artículos porque creía en su calidad y me gustaba que todo viniera en colores geniales. Me encantaba el tiempo que pasaba ahí y pronto me conocí todos sus productos.

Empecé en Kipling como asociada de ventas, y en los años siguientes fui ascendiendo hasta la gerencia. También me ocupaba en cualquier otra actividad que me sacara de la casa, para estar lejos de las constantes peleas de mis padres.

CAPÍTULO TRECE

Cuando fui a vivir con Patty y Steve, me habían dicho que no querían que yo saliera con chicos hasta que tuviera diecisiete años. Era una petición razonable, pero yo me adelanté y empecé a los dieciséis. Comencé a tener citas no como un acto de rebeldía contra mis padres, sino porque deseaba encajar. Buscaba ser una adolescente normal, y mi idea de ello incluía las citas.

Desde el día que me rescataron había estado rezagada tanto académica como socialmente. Si bien mis primeros dos hogares adoptivos me ayudaron a ponerme al corriente con mis estudios, hicieron muy poco para integrarme al mundo real, porque me prohibían hablar con muchachos. Desde que ingresé a la secundaria pública me encontré en contacto frecuente con toda clase de chicos, y al principio me sentía cohibida, torpe e incómoda cerca de ellos. ¿Y hablar con uno? Estaba fuera de mi alcance… al principio.

Con el tiempo desarrollé amistad con un chico agradable que conocí en la escuela. Era dulce e inocente, alguien con quien pude contar durante los momentos tumultuosos de mi familia. Yo quería pasar tiempo con esa persona que me apoyaba, y de a poco nuestra relación se convirtió en noviazgo.

Esto era un territorio nuevo e inexplorado para mí. No tenía amigas cercanas o una hermana mayor a quien recurrir en busca de orientación. Patty no era de ayuda, porque no habíamos desarrollado un vínculo tan estrecho como para hablar de algo así. En lugar de eso, hice lo que había hecho una y otra vez: observé. Imité a otras chicas, y con el tiempo mis observaciones me ayudaron a sentirme más cómoda cerca de los chicos. Después de todo, el 50% de la gente en el mundo son hombres. Necesitaba saber cómo interactuar con ellos.

Estuve de novia con él cerca de un año, pero nos separamos antes del baile de fin de cursos. En lugar de ir a la fiesta en una "cita", fui con un amigo. Pero yo estaba emocionada. El baile de graduación es una ceremonia de transición para muchos jóvenes y una meta que yo alguna vez creí que jamás alcanzaría. Ambos fuimos vestidos de gánsteres. Encontré un vestido largo y de color fucsia, sin mangas y con cuello redondo, y me hicieron un peinado de moño al estilo de los años cuarenta. Mi compañero llevaba un sombrero oscuro de gánster con una banda blanca en la corona, un traje oscuro con corbata corta de color blanco, una flor en el ojal, y muchas cadenas que colgaban de su cinturón. Era una vestimenta divertida para una noche divertida. Nuestro baile era al aire libre, debajo de una gran carpa, y llegamos en el enorme auto del hermano de mi pareja.

El hecho de que la pasara fenomenal era un testimonio inmenso de lo mucho que yo había avanzado socialmente. Sé que si no hubiera sido capaz de salir en una cita no habría hecho tantas cosas propias de una adolescencia normal, como hice.

Sin embargo, hay que tener presente que todas mis citas fueron castas e inocentes. Era demasiado joven para algo más.

Mi último año en la escuela secundaria transcurrió con lentitud infinita. Un momento relevante fue el día en que Mark Abend llamó. Después de los saludos habituales, preguntó: ¿Te interesaría hablar con un grupo de agentes de la ICE acerca del tiempo que estuviste en cautiverio?".

¿Lo haría? "¡Sí!", grité. Ni siquiera tuve que pensarlo. Era una oportunidad de usar mi terrible experiencia para bien. Definitivamente deseaba ayudar en cualquier forma posible.

El día acordado, Mark pasó a recogerme y ambos le hablamos a un grupo de agentes del sur de California. El lugar de la reunión estaba más o menos a una hora de camino. Quería cambiar las cosas, pero me sentía tan nerviosa que pensé que iba a vomitar. Con frecuencia se dice que hablar en público es el mayor miedo de la gente, y ahora sé por qué. Estaba tan aterrorizada que tenía problemas para tragar saliva.

No obstante, una vez que comenzamos adopté un ritmo y mi ansiedad disminuyó (un poco). Mark me presentó y empezó haciéndome preguntas. Las primeras fueron fáciles y se relacionaban con los hechos sobre mi cautiverio: dónde había nacido, cuándo me habían vendido como esclava y cuánto tiempo estuve retenida.

Al principio mis respuestas eran cortas, pero pronto comencé a ampliarlas. A la mitad de la charla me di cuenta de que los agentes estaban prestando mucha atención a lo que les decía. Una vez que comprendí que estas personas eran como Mark, que les importaban mis palabras y estaban ahí para aprender lo necesario a fin de ayudar a alguien más, mi pasión por dar información se abrió paso.

Entonces empezaron las preguntas del auditorio. La mayoría se centraron en mi rescate y en mi integración a la vida de Estados Unidos.

"¿Cómo podríamos haber hecho que tu rescate fuera menos estresante para ti?", inquirió uno. "¿Por qué no confiabas en el equipo de agentes que te rescató?", preguntó otro.

Y así sucesivamente. Las preguntas llegaban cada vez más rápido. Cuando les expliqué que durante años me habían lavado el cerebro y que pensaba que cualquier cosa que tuviera que ver con la policía sería mucho peor que la vida con mis captores, pude ver miradas de comprensión en los ojos de algunos oyentes. Cuando les expliqué que mi educación me había llevado a creer que la religión musulmana me prohibía hablar con cualquier hombre que no fuera miembro de mi familia directa y que hablar con una mujer en árabe dentro de la patrulla en lugar de hacerlo por teléfono habría hecho el rescate menos aterrador, vi bolígrafos y lápices que empezaban a moverse sobre el papel.

Hablar fue intimidante, pero también me hizo sentir fuerte. Más tarde, cuando Mark me dijo que el equipo cambiaría la forma en que realizaba los rescates a partir de la información que yo les había proporcionado, me sentí emocionada.

"¿De qué otra forma podía ayudar?", pregunté. Mark sonrió y organizó más reuniones para mí.

Durante mi último año de bachillerato empecé a tener problemas con mis padres. El juicio contra la Mamá y el Papá se había resuelto antes de que ellos me adoptaran, y se suponía que el dinero que había recibido era para mí. Quería ahorrarlo para mis estudios universitarios, pero una vez que mis padres echaron mano, el dinero se terminó pronto.

En ese momento yo no entendía de bancos. En el trabajo recibía un cheque varias veces al mes, pero siempre lo cobraba. Nadie me había explicado cómo funciona un banco. Cuando se dictó la sentencia se abrió una cuenta bancaria a mi nombre, pero mis nuevos padres tenían acceso total a ella.

En ese entonces la familia atravesaba por problemas financieros y el auto de Steve fue embargado. Lo recuperamos con el dinero de mi indemnización. Cuando el auto de Patty se averió, la reparación se pagó con fondos de mi cuenta. Cuando llegaron muebles nuevos, supe que habían sido comprados con mi dinero.

Yo estaba furiosa. Varias veces mis padres me preguntaron si podían usar mis fondos, con la promesa de devolvérmelos, y al principio dije que sí. Pero luego debieron de empezar a usarlos sin que yo lo supiera, porque después de un tiempo los 76.137 dólares se habían terminado. Estaba atónita. Era *mi* dinero, *mi* futuro; había sufrido mucho por cada centavo y tenía derecho a él.

Con ese dinero me había comprado un auto (que todavía conduzco), pero la factura se expidió a nombre de Patty, porque yo era menor de edad. También recibí una computadora, y un poco para pagar uno o dos semestres en el colegio local. Pero buena parte del dinero se gastó en quién sabe qué, y yo no he recibido nada de lo que ellos tomaron prestado.

A menudo el dinero divide a las personas, y esta situación definitivamente me enfrentó con mi familia. Como ellos estuvieron en la audiencia de sentencia de la Mamá y el Papá, sabían cuánto me habían adjudicado, y siempre me preguntaré si eso influyó en su afán por adoptarme. Desafortunadamente, nunca lo sabré con certeza.

Creo que mi papá sentía un afecto genuino hacia mí, pero desde mi perspectiva, Patty se comportó más como una hermana mayor que como una madre. Nunca percibí que tuviera sentimientos maternales hacia mí.

Sin importar los sentimientos, tuvimos varias discusiones fuertes por los fondos de mi indemnización, peleas que a veces casi provocaron que me echaran de la casa y que en el mismo número de ocasiones estuvieron a punto de causar que me marchara por mi voluntad. Sin embargo, me quedé porque en ese momento no tenía a dónde ir.

No veía la hora de terminar los estudios y seguir adelante con mi vida, pero antes tenía otra graduación, un examen de Matemáticas y pasar por una hospitalización.

Al baile de graduación de bachillerato fui con otro amigo. Había estado saliendo con un chico agradable, que tenía un gran sentido de la moral y la ética, lo que me resultó atractivo. Pero cuando llegó el momento de nuestra graduación, él le preguntó a mi papá si después del baile yo podía pasar la noche en su casa. Creo que él lo preguntó de manera completamente inocente, pero mi papá (por supuesto) dijo que no. Y me prohibió ver a ese chico de nuevo. Así fue que terminé yendo al baile con un amigo.

Esa vez me vestí con mi color favorito: púrpura. El vestido era satinado, con una falda abombada que llegaba a las rodillas. Para mí, la cereza del pastel eran mis relucientes zapatos color púrpura y mis uñas, que hacían juego. Mis dos vestidos de graduación estaban a años luz de la ropa vieja que usaba cuando estaba en cautiverio. Cada vestido me hizo sentir como una princesa. Algunos años antes ni siquiera habría soñado con ponerme algo tan hermoso.

La fiesta se realizó en una enorme mansión en Palm Springs. Lo mejor fue el bufé. Las mesas parecían no tener final. Como esta era la graduación del último año y mis compañeros y yo nos estábamos acercando al final de una etapa, no fuimos en parejas;

en cambio, había decenas de grupos de amigos y la pasé increíble. Nosotros ya habíamos acordado que llegaría al baile con mi pareja, pero mi papá me recogería cuando terminara y mi acompañante se iría a seguir la fiesta con sus amigos.

El baile de graduación absorbió gran parte de mi atención pero, al igual que muchos otros estudiantes de último año, también estaba concentrada en aprobar mis exámenes finales, incluido el de Matemáticas. A lo largo de los años había tenido buenos resultados en Educación Física y en materias como Ciencias Sociales e Historia. De hecho, cada vez que veía una foto antigua quería saber más acerca de ella. Mi curiosidad natural me ayudó en eso, pero no en Inglés ni en Matemáticas. Esas dos asignaturas seguían siendo mi perdición.

Gracias a mi uso diario del idioma y las clases de apoyo, me las arreglaba con Inglés, pero con frecuencia obtenía calificaciones casi reprobatorias en Matemáticas. Mi falta de conocimientos en esa asignatura era una triste consecuencia de mi tiempo en cautiverio. Cuando yo debía estar aprendiendo los números —cómo sumarlos y restarlos—, estaba limpiando sanitarios y lavando la ropa de mis captores.

Después de presentar mis exámenes finales estaba casi segura de haberlos aprobado todos, con excepción del de Matemáticas. Aunque emocionalmente ya había dado por concluida la escuela y lo último que deseaba era estar en un curso de apoyo durante el verano, sabía que si era necesario lo tomaría y lo aprobaría.

Fue una temporada estresante para mí, porque si no aprobaba el examen no me graduaría. Si no me graduaba, no podría ir a la universidad o convertirme en un agente de la ICE. El certificado de bachillerato era la puerta a la vida que deseaba vivir, y la graduación era un requisito.

Otra razón por la cual graduarme era importante era porque durante mucho tiempo me había sentido indefensa, y no había sido capaz de comunicarme con nadie. Además, por años estuve en un ámbito en la cual no tenía alternativas. No quería volver a estar en ninguna de esas situaciones. Nunca. Poco después de mi rescate me di cuenta de que poner atención a mis estudios era la mejor opción. Había hecho mi mayor esfuerzo, pero ¿había tenido éxito?

Me obligué a mantenerme optimista mientras esperaba los resultados, pero fue difícil. Para ese entonces el resto de los estudiantes de último año y yo estábamos finalizando cursos. Trabajé cuanto pude. No podía concentrarme mucho, así que entre los turnos de trabajo deambulaba por la casa o veía la televisión cambiando de un canal a otro. En previsión de que hubiera aprobado, guardé un poco del dinero que había ganado y pagué mi anillo de graduación, la toga y el birrete. Cuando mi papá me regaló una sudadera (o buzo) conmemorativa, tuve la esperanza de poder usarla con orgullo.

Menos de una semana antes de la ceremonia de graduación recibí una carta de la escuela. De algún modo, sabía que cualquiera que fuera la noticia que contenía, esa carta determinaría mi futuro.

Muy nerviosa abrí el sobre y contuve el aliento mientras leía las palabras en el papel. Casi no podía creerlo. Había aprobado. ¡Había *aprobado!* Liberé la tensión que había mantenido sin saberlo y dejé salir un grito de alegría. Era una graduada del secundario e iba a caminar por el pasillo central con mis compañeros de clase, llegar al estrado y recoger mi diploma.

Este era un gran logro para mí, pues seis años antes no entendía el idioma. No conocía las letras ni sabía lo que era un centro comercial. Jamás había ido con un doctor o un dentista, no tenía habilidades sociales y desconfiaba prácticamente de todos a mi alrededor. Pero ahora… era una graduada, y sin importar qué ocurriera en el futuro, nadie podría quitarme eso. Estaba tan feliz que estreché la carta y lloré.

Sé que muchas otras personas habrían tomado el teléfono de inmediato para compartir la noticia, pero yo no lo hice. Durante años no tuve nada que fuera mío, pero este era *mi* triunfo, y no quería compartirlo. Al menos no en ese momento. Saboreé mi éxito durante el resto del día, y luego llamé a todos.

La fiesta de nuestro grupo se realizó un día después, en un barco fuera de la costa. Yo quería ir a ese evento, porque sabía que iba a ser una graduada, ¡y lo hice! La pasé de maravilla con mis amigos; nos sentíamos emocionados de tener una ventana abierta al futuro y al mundo que nos rodeaba.

Sin embargo, mi felicidad no iba a durar mucho, porque al día siguiente desperté enferma. Casi todos los años, en junio, me afecta una especie de gripe fuerte, y ese año no fue la excepción. Además, el aire de la noche, el viento y el frío hicieron que la enfermedad se adelantara. En cuestión de horas me encontraba en una cama de hospital, con fiebre alta y una dolorosa inflamación de garganta. Debido a mi artritis reumatoide, mi sistema inmune no era fuerte, y enfermedades como la gripe podían convertirse rápidamente en una amenaza para mi vida si no se vigilaban.

Estaba abatida. Quería acudir a mi ceremonia de graduación y al parecer ahora no podría hacerlo. Me sentía triste y emocionalmente agotada mientras yacía en la cama del hospital. Pero lo que más me decepcionaba era la posibilidad de perderme mi gran día. ¿Por qué tenía que ocurrirme eso justo en aquel momento? Había trabajado duro. ¿Por qué no podía disfrutar la celebración con todos los demás? Una lágrima corrió por mi mejilla, pero no me rendí. Sabía que debía mantener una mentalidad positiva para vencer esa enfermedad a tiempo.

Y lo hice. Con líquidos, antibióticos, pensamientos positivos, oraciones de amigos y mucho reposo, mejoré y me dieron el alta médica el 5 de junio de 2008, un día antes de la ceremonia de graduación.

Aunque ya había dejado el hospital, me sentía tan rígida y débil que no podía recorrer ninguna distancia caminando. Cruzar mi habitación era suficiente para terminar de rodillas, y sabía que no podría caminar a lo largo del auditorio. El personal de mi escuela también lo sabía.

A última hora, el señor Steele, mi profesor de Matemáticas, propuso llevarme al auditorio y al estrado en una silla de ruedas. Yo me sentía extremadamente agradecida por esta idea. Steele me agradaba mucho como profesor. De no haber sido por su amable paciencia y dedicación, no me habría graduado. Era una especie de buen karma que fuera él quien me impulsara hacia la victoria.

Mientras mis amigos salían a festejar después de la ceremonia, yo me fui a casa. Los medicamentos para mi enfermedad, combinados con los que tomaba para la artritis reumatoide, me tenían aniquilada. De hecho, no recuerdo mucho acerca de la ceremonia, solo algunos fragmentos dispersos. Pero son suficientes, y me aferraré a ellos por el resto de mi vida. A pesar de mi padecimiento, fue un gran, gran día.

Después de finalizados mis estudios secundarios quería unirme a la fuerza aérea, pero mi nueva familia me desalentó. Patty dijo: "¿Por qué quieres hacer eso? No podrías soportar el adiestramiento. Además, la gente que elige hacer esas cosas realmente pone su alma en ello".

Sus palabras me rompieron el corazón. No entendía por qué no me apoyaba en mis metas e intereses. Aun si tenía dudas acerca de mi capacidad de triunfar en esa clase de ambiente, me habría gustado que me alentara a intentarlo. Steve casi siempre secundaba la postura de su esposa, y en este caso no fue más comprensivo que ella. Me hirió su idea de que yo no hablaba en serio acerca de unirme a la fuerza aérea o que no tenía suficiente corazón como para interesarme por el trabajo que haría allí. Sabía que primero debía obtener la ciudadanía y estaba esperando el día en que pudiera solicitarla. Además, yo mejor que nadie era consciente de que mi salud podría impedir que me aceptaran en la fuerza aérea, pero hubiera preferido que su personal médico me diera la noticia en lugar de que mis padres derribaran mi sueño. Sin el apoyo de mi familia, ese sueño quedó empañado y nunca busqué realizarlo.

En lugar de eso, trabajé durante todo el verano y en el otoño comencé a acudir a la escuela comunitaria. Para empezar, tomé cursos generales obligatorios y mi acostumbrada clase de apoyo de inglés. Seguía trabajando en Kipling, y salía con mis amigos varias veces a la semana, ya sea a cenar, al cine o a fiestas.

En esencia solo iba a casa a dormir, bañarme y cambiarme de ropa. Eso era intencional, debido a que la relación con mi mamá se estaba complicando. Gran parte del problema era que sentía que ella quería tener control sobre mí. Mensualmente, yo le pagaba una renta a mi familia por mi habitación y toda la cuenta de electricidad. Por eso sentía que tenía derecho de entrar y salir a mi antojo. Y no era que hiciera fiestas ruidosas o que no cumpliera con mis tareas en la casa. Nunca llevé amigos, siempre me hice cargo de mi ropa, mantenía mi cuarto limpio y hacía muchas otras labores domésticas.

Pero la relación con Patty se deterioró a tal punto que con frecuencia me quedaba en casa de mis amigas Amber o Karla. Conocí a Karla Pachacki en mi primer día en Kipling. Ambas éramos nuevas y pronto hicimos amistad. Ella hacía mis turnos más divertidos, y cuando se la presenté a Amber, las tres nos volvimos grandes amigas.

Al principio me sentía reacia a hablar con ellas acerca de mi pasado, pero con el tiempo creció mi confianza y empecé a compartir mi historia. Estoy feliz de haberlo hecho, porque necesitaba su apoyo en mis conflictos con mi nueva familia. Y para eso mis amigas necesitaban comprender mi pasado.

Un día, en medio de una discusión más, Patty dijo: "Eres una mala influencia para mis hijos". Yo no tenía idea de lo que estaba diciendo, pero sus palabras hicieron que me diera cuenta de que estaba peleando una batalla perdida. Con algunas personas siempre hay tensión y conflicto, y ella era de ese tipo. Era tan poco solidaria conmigo que sentí que siempre iba a tratar de evitar que cualquier sueño que yo tuviera se hiciera realidad. Ya estaba harta, y empecé a buscar mi propio espacio.

Buscar apartamento fue divertido y a la vez un desafío. También fue un proceso lento y me tomó mucho tiempo. Para cuando encontré un conjunto habitacional, lo recorrí, me reuní con el supervisor, llené la solicitud y esperé a que esta fuera tramitada, alguien más ya había ocupado el lugar. Esto se repitió varias veces antes de que Amber y su mamá, Teresa, me dijeran: "¿Por qué no te mudas con nosotras?".

Era una idea perfecta. Durante los años que había tratado a mi amiga, Teresa se había convertido en una segunda madre para mí. Siempre tenía una gran sonrisa y era tan generosa que me hacía sentir amada y apoyada. Además tenía el lugar perfecto para mí: una habitación junto a una piscina. Este sitio me ofrecía el espacio que necesitaba para mis cosas, ¡y yo tenía muchísimas cosas! Creo que después de mis años de esclavitud, durante los cuales no tenía nada, me excedí cuando empecé a cobrar un salario. Compré mucha ropa y cosméticos, y aún lo hago. De manera extraña, tener "cosas" me hace sentir segura. Probablemente algún día supere eso, pero cuando me mudé con Amber y Teresa, tener muchas cosas me reconfortaba.

La habitación me daba privacidad, pero al mismo tiempo sabía que era bienvenida en esa casa en cualquier momento. Si necesitaba un bocadillo a medianoche, todo lo que tenía que hacer era cruzar el patio y entrar en la cocina. De hecho, el trato de Amber y Teresa era más familiar que el de mis familias biológica y adoptivas.

La mamá y el papá de Teresa también vivían en la casa, así que había varias generaciones con las cuales podía vincularme. Adoré a cada miembro de esa familia y cada minuto que pasé con ellos. Pero no estaba completamente feliz. El mayor inconveniente de haber dejado mi hogar adoptivo en la forma en que lo hice fue que tenía acceso limitado para ver a mis hermanos y hermanas menores. Los amaba y los extrañaba.

Karla fue de gran ayuda en ese tiempo. Nuestras conversaciones a lo largo de varios meses, me permitieron abrir los ojos sobre los numerosos problemas con mi familia adoptiva.

También me ayudó a liberarme de gran parte de la rabia que sentía hacia mis nuevos padres y empezar a verlos como individuos y como pareja. Karla era algunos años mayor, pero yo aún estaba en la edad en que es difícil ver a los padres como personas más que como mamá y papá. Una vez que di ese salto, me quedaron claras muchas cosas acerca de la relación entre ellos. Sentí que me habían usado para paliar sus disfunciones. Karla me alentó a cerrar la cuenta bancaria a la cual Patty y Steve tenían acceso. Cuando lo hice, me sentí mucho menos vulnerable.

Con mi nuevo lugar para vivir y mi nuevo equipo de apoyo, empecé a prosperar. La habitación junto a la piscina fue una gran transición para mí y me quedé ahí durante casi siete meses. Se necesita ser un amigo de verdad para abrir tu casa a otra persona, y Amber y Teresa nunca dudaron cuando necesité un hogar donde quedarme. Nunca olvidaré eso. Ellas siguen siendo mi familia por elección.

Finalmente, volví a buscar apartamento y esta vez encontré uno de una habitación. Era pequeño, pero me divertí decorándolo. Encontré un mueble moderno, alto y de color café oscuro, y un sofá modular que combinaba; luego agregué un colchón tamaño *queen* y una cómoda. Pinté el baño de púrpura y no me importó que en los armarios no hubiera espacio suficiente para mi ropa.

A diferencia de otras jóvenes, cuando veía mis dos armarios llenos de ropa, me sentía rodeada de lujos. Muchas personas habrían visto el modesto lugar en el que yo vivía y mis roperos llenos y no se habrían dado cuenta del maravilloso regalo que era eso.

Después de que me mudé, tenía ropa por todos lados. ¿Pero saben qué? Era *mi* ropa en *mi* apartamento. Amaba ese lugar, amaba organizar mi propio presupuesto y colocar los muebles donde yo quería. Descubrí que también me gustaba cocinar para mí, preparar lo que quería, cuando y del modo en que deseara. Durante gran parte de mi vida no había tenido control sobre nada. Ahora podía controlar casi todo, y ese cambio me regocijaba.

Tuve la fortuna de estar rodeada de buenos vecinos. Nos cuidábamos entre nosotros y había un sentimiento de comunidad que es difícil de encontrar en la mayoría de los conjuntos habitacionales. Quizá por primera vez desde que me separaron de mi familia, me sentía verdaderamente feliz. Ya había tenido momentos de felicidad. Dos de los más gozosos fueron cuando esposaron a la Mamá y el Papá y cuando me gradué del bachillerato. Pero me había resultado difícil encontrar una felicidad duradera. Además, cuando era más joven jamás había imaginado que tendría tanta independencia o un lugar propio tan agradable. Ese pequeño apartamento era mi sueño hecho realidad.

Para entonces rara vez pensaba en mis padres biológicos o en el rumbo que habría tomado mi vida si me hubiera quedado con ellos. Aún estaba traumatizada por haber sido separada de mi familia y por los años subsiguientes con mis captores; por eso, con frecuencia resultaba demasiado doloroso pensar en ellos. Mis hermanas eran mujeres fuertes, y en las raras ocasiones en que las recordaba deseaba que hubieran tenido mejor vida que mi madre. No obstante, los lazos biológicos estaban ahí y yo esperaba que algún día, cuando estuviera lista, pudiéramos volver a ponernos en contacto.

Durante ese tiempo estuve trabajando y reuniendo dinero para mi educación universitaria. Cuando solicité por primera vez becas y créditos escolares, descubrí que mientras tuviera menos de veinticuatro años, la respuesta dependía del ingreso de mis padres. Si no hubiera sido adoptada, habría tenido la posibilidad de recibir financiamiento de muchas fuentes. Pero como había sido adoptada, las percepciones de mi mamá y mi papá influían. Desafortunadamente, Steve ganaba una suma considerable, pero la gastaba tan pronto la recibía. Como resultado, ellos no tenían recursos para mi educación ni podían obtener un crédito.

Rechiné los dientes al pensar en la pérdida de decenas de miles de dólares de mi indemnización, pero me resigné y pagué con mis propios medios. Me gustaba la universidad, pero no resultó ser lo que esperaba. Su entorno relajado me dificultaba conseguir mis objetivos, y los profesores estaban ocupados y no podían dedicarme tanto tiempo como mis maestros de la secundaria. Finalmente, abandoné los estudios.

Por lo general me propongo terminar todo lo que empiezo. Para mí es una cuestión de orgullo, de honor. Mis amigos me alentaron a seguir estudiando, pero lo arduo de las materias y el acelerado ritmo de las clases fueron demasiado frustrantes en ese momento de mi vida. Planeo continuar con mi educación algún día, en diferentes circunstancias, así que veo esto como una pausa.

Aunque estaba terriblemente decepcionada, sabía que la falta de un título universitario no interferiría en mi meta de convertirme en agente de la ICE. Ser graduada ayudaría, pero no era un requisito.

Con frecuencia pienso en lo importante que es la educación temprana para los niños pequeños y quisiera haber tenido esa oportunidad. He avanzado mucho, he logrado cambios más que sorprendentes, pero en muchos aspectos de mi educación aún tengo un largo camino por andar. Quizás otra universidad esté mejor preparada para atender mis necesidades especiales. O tal vez no. Yo exhorto a quienes estén leyendo esto a que lleguen tan lejos como puedan en la escuela, aun cuando ello implique un sacrificio importante. A largo plazo valdrá la pena.

En lugar de dedicar mis esfuerzos a la universidad, me concentré en convertirme en una gran empleada. Tener empleo me revalidaba en muchos aspectos.

Después de muchos años de abuso verbal, cuando estaba cautiva o me llamaban "niña estúpida", tenía una enorme necesidad de probarme a mí misma, y también a los demás, que yo era valiosa. Mi trabajo y mi reciente ascenso hicieron justamente eso. Ahora era supervisora y me sentía orgullosa de ocupar un cargo administrativo. Asumí mis nuevas responsabilidades y algunos días quería pellizcarme para asegurarme de que realmente toda esa buena fortuna era mía.

CAPÍTULO CATORCE

Cuando me mudé, la vida de mi familia adoptiva no mejoró, y mi mamá y mi papá se divorciaron. Como Steve no tenía a dónde ir, se instaló conmigo. Muchos amigos se preguntaban por qué lo había permitido, pero pensaba que buena parte de los problemas de la familia, incluyendo las dificultades económicas que habían causado las fugas en mi cuenta de indemnización, empezaron con Patty, no con él.

Después de varios meses de dormir en el sofá (y de no pagar renta), Steve se recuperó lo suficiente como para buscarse un lugar propio. No es que quiera que se termine ningún matrimonio, pero creo que él es mejor persona cuando está lejos de Patty. Algunas personas no están bien juntas.

Desde el divorcio no he visto mucho a mi mamá adoptiva, pero Steve hace el intento. Él ha cometido errores con todos sus hijos y probablemente cometerá más, pero le concedo crédito por sus esfuerzos. Además, todos somos seres humanos y creo que tiene buenas intenciones. Todavía no tenemos una excelente relación, pero estamos trabajando en eso. Espero que un día seamos tan cercanos como deberíamos ser.

La verdadera tragedia del divorcio es que ya no tengo ningún contacto con mi hermano y mis hermanas adoptivas. Espero que cuando sean mayores de edad podamos retomar donde nos quedamos, porque los quiero mucho. La falta de contacto es más dura para mí ya que es el segundo grupo de hermanos menores que he perdido en quince años. A eso le podemos sumar los dos grupos de hermanos adoptivos que tuve. Pienso mucho en eso y se me parte el corazón.

Lo bueno es que estuve ocupada con el trabajo y mis amigos, así que mientras Steve vivió en mi casa, no lo veía seguido. Mejor aún, a veces daba alguna conferencia y tenía que viajar.

Gracias a Mark, seguí hablando en público sobre mi época de cautividad. En total, debo haber participado en varias docenas de conferencias. Quizás, y solo quizá, otros esclavos fueron rescatados gracias a que la gente supo por mí qué era lo que había que investigar. O tal vez otros no quedaron tan traumatizados como yo en el rescate. Me emocionaba fomentar esta conciencia, aunque nunca se me quitó la sensación de estar nerviosa y enferma antes de hablar en cada conferencia.

Steve me acompañó a algunos encuentros y me dio gusto que supiera más de mi pasado. Nunca he dado muchos detalles de mis sufrimientos como esclava. Normalmente cuento los hechos básicos y les pido que me busquen en Internet. No hablé en público antes del veredicto de la Mamá y el Papá, pero desde entonces me han entrevistado muchas veces. Ahora hay suficientes artículos sobre mí como para que la gente se dé una buena idea de lo que pasó. Se me hacía difícil revivir los detalles una y otra vez con los amigos nuevos, y referirlos a las búsquedas en Google me ahorraba los trastornos emocionales cada vez que conocía a alguien.

No sé bien qué tanto conocían mis padres adoptivos sobre mi pasado. Desde luego, saben que mis padres biológicos me vendieron como esclava. Están al tanto de muchos hechos, pues vivía con ellos mientras se celebraba el juicio contra la Mamá y el Papá. Pero no creo que se hayan enterado de otros detalles, de cómo me prohibían usar el baño de la familia porque estaba muy sucia, de que tenía que lavar mi ropa en una cubeta, de que no recibía atención médica si me enfermaba, de que me llevé lo peor de la ira de todos los miembros de la familia en forma de dolorosas bofetadas.

Veía la expresión dolida del rostro de Steve mientras contaba un detalle tras otro, pero también veía cómo trabajaba la mente de los agentes del orden que estaban entre el público y que concebían ideas y protocolos para que en adelante los rescates y las integraciones fueran más seguras y fáciles.

Las conferencias locales dieron paso a encuentros mayores fuera del estado, y así viajé: Houston, Dallas, Carolina del Norte, Georgia, Saint Paul, Saint Louis y a muchas otras ciudades y estados. Desde mi llegada a Estados Unidos, antes de estos viajes solo había volado dos veces: a mi hogar de adopción temporal en el centro de California y de regreso. Fue asombroso darme cuenta de que la primera vez que abordé un avión para ir a una conferencia, fue también la primera vez que volé por mi propia voluntad. Tengo que decir que me sentí de maravilla. Todavía mejor fue saber que podía establecer una diferencia positiva.

Algunas veces me acompañaba Mark y otras iba sola. Me sorprendía ver cuánta gente se interesaba en oír mi punto de vista y mis sentimientos sobre mi rescate y sus consecuencias. Y me sentía agradecida y emocionada. A cuanta más gente pudiera llegar, más probabilidades teníamos de acabar con la práctica aborrecible del tráfico de personas.

En algunos de esos compromisos me pagaban una pequeña suma y en otros solamente cubrían mis gastos. Aunque los honorarios me parecían bien, nunca rechacé un encuentro por falta de pago. Si podía salir del trabajo y estaba con buena salud, iba. Además de los encuentros, me gustaba viajar. Me encantaba conocer gente nueva y ver con mis propios ojos cómo eran todas esas ciudades. Pero lo más emocionante fue darme cuenta de todo lo que viajaba. Durante mi tiempo en cautiverio nunca pensé que mi experiencia negativa pudiera tener tan buen uso.

En algunas de las reuniones llegué a ver a Andrew y Robert, mis abogados, que habían preparado con tanto esmero la demanda contra la Mamá y el Papá. Me daba gusto estar en contacto con ellos, sobre todo porque tenía relación con pocas personas de mi pasado. Me conmocionaba darme cuenta de que, con la excepción de unos cuantos, a la gente que me rodeaba por aquel entonces tenía pocos años de conocerla.

En Saint Louis hablé frente a cientos de abogados de todo el país y lo único en que pensaba era en el efecto positivo que podían tener ellos en la vida de gente como yo, retenida en contra de mi voluntad. Muchas de sus preguntas revelaban que necesitaban distinguir las diferentes formas del tráfico de personas. Una forma de tráfico abarca el reclutamiento, transporte, traslado, albergue o recepción de las personas por medio de amenazas, fuerza, coerción, secuestro, fraude, engaño o abuso de poder.

La segunda forma de tráfico es la esclavitud en el sentido histórico, cuando una persona es despojada de todos sus derechos y vendida, "poseída" o controlada por otros. Por ejemplo, a mí me introdujeron ilegalmente en Estados Unidos, pero el trabajo que me obligaban a hacer, las condiciones en las que vivía, mi falta de pago y el control que ejercían mis captores sobre mis movimientos dieron por resultado mi esclavitud.

Me encantó este grupo de St. Louis y sus preguntas inteligentes.

En Glynco, Georgia (a medio camino entre Savannah, Georgia, y Jacksonville, Florida), hablé ante un grupo grande de agentes de

ICE en el Centro Federal de Capacitación de Agentes del Orden. Ellos hicieron preguntas tan buenas que supe que se apasionaban por su trabajo, al igual que Mark. Los funcionarios del gobierno tienen a veces mala reputación, pero debo decir que quienes luchan por detener el tráfico de personas son los mejores.

Para ese momento ya había visto que las autoridades no entienden el punto de vista de las víctimas. Policías y agentes de ICE se concentran en hacer valer la ley y atrapar al delincuente, lo que significa que la víctima pierde. Mi papel consistía en mostrarles cómo ser más comprensivos. Para esto, les contaba de otras víctimas que he conocido, que estaban deprimidas y desesperanzadas porque nadie creía en ellas. Mencioné que estos agentes compasivos tenían la oportunidad de ser personas comprometidas, así como unos años antes Mark Abend me cuidó de manera constante. Espero que hayan hecho caso de mis palabras, porque lo que pueden hacer por la víctima podría significarlo todo.

Cuando empecé a viajar me inquietaban los vuelos, las habitaciones del hotel y si la comida extraña podía perjudicar mi artritis, pero no tenía de qué preocuparme. Resistía bien siempre que no me cansara demasiado y si me cuidaba de no enfriarme mucho. Un lujo que me doy todos los días son los tacones. Mido apenas un metro y medio, así que me encanta usar zapatos altos. Pero cuando mi enfermedad ataca, me veo obligada a ponerme calzado bajo, y siempre me llevaba un par así cuando salía de viaje, por si acaso.

Por lo regular, cuando sufro un acceso uso ropa más cálida de lo que se justificaría, así que no olvido empacarla también. En un avión no puedo tomar un baño caliente y reconfortante, pero un suéter suave y tibio es lo que le sigue de bueno.

En cierta ocasión me entrevistó una mujer de la Associated Press. Al terminar, me dijo que viajaría a Egipto.

"Tal vez pueda encontrar a tu familia y conseguir que hablen contigo", me dijo.

Habían pasado varios años desde la última vez que había hablado con ellos. Después del dolor que sufrí al darme cuenta de que los miembros de mi familia estaban listos para testificar en mi contra (y a favor de la Mamá y el Papá si el caso iba a juicio), no quería saber nada de ellos. Pero eran mi familia. Abrigaba una pequeña esperanza de que pudiéramos ser cordiales, de que todavía me quisieran.

Mantener los lazos familiares es un tema que enfrentan quienes fueron rescatados de la esclavitud. Muchos no podemos volver con nuestras familias (hay tantas razones como personas rescatadas), pero es una emoción natural desear que te quieran. Yo no era diferente.

No tenía muchas esperanzas de que la periodista pudiera encontrar a mi familia, ni siquiera de que fuera a intentarlo. Pero, para mi sorpresa, hizo las dos cosas. Un día, cuando había ido a dictar una conferencia a otra ciudad, sonó el teléfono en mi habitación del hotel. Me quedé pasmada al oír a dos hermanas y a mi madre en el otro extremo de la línea telefónica. Una de mis hermanas era la que vivió con mis abuelos y la otra era la gemela "buena". La noticia que tenían era que mi padre había muerto. Una de ellas me lo dijo, y cuando la escuché, no supe qué pensar ni qué sentir.

Todo mi pasado volvió atropelladamente y me puse triste de no haber llegado a conocerlo. Casi todas las veces que estuve con él, se mostró enojado y dominante, pero de haber vivido más, habría intentado descubrir un lado diferente en él. Sin embargo, la oportunidad se perdió para siempre.

Para hacer la conversación todavía más difícil, mi madre me dijo: "Su último deseo fue verte y hablar contigo. Quería pedirte que lo perdonaras; lo lamentaba mucho". Me quedé sin palabras. ¿Qué podía decir, sabiendo lo que había vivido por su culpa?

Entonces, mi madre agregó: "Yo tampoco estoy muy bien. Quisiera poder verte otra vez".

Con esto, mis pensamientos y emociones saltaban sin control. De un segundo a otro pensaba y sentía cosas completamente diferentes. No esperaba ni la noticia de mi papá ni sentir lo que estaba sintiendo. Al final entendí que quería ver a mi mamá, pero que prefería la vida que llevaba en California. Tenía miedo de que si veía a mis familiares en Egipto, me vería arrastrada en un drama afectivo para el que no estaba preparada. Traté de explicárselo a mi madre, pero creo que no lo entendió.

En parte, fue porque mi árabe estaba bastante oxidado por el paso del tiempo y ella no hablaba inglés. Nos comunicamos por intermedio de un traductor que estaba en Egipto con mi familia, pero sé que se perdieron muchos detalles de ambos lados de la conversación. El idioma es de enorme importancia para la comunicación. Nuestra incapacidad para expresarnos por medio de palabras era otra inmensa señal de la brecha que se había abierto entre ellos y yo después de que me vendieron como esclava.

Cuando mis hermanas volvieron a tomar el auricular, una me contó que tres de mis hermanos se habían alistado en el ejército egipcio. Luego me dijo que otra hermana le había puesto mi nombre a una de sus hijas. Me enteré también de que mi hermana, la que había robado, la que primero me apartó de mi familia con sus actos, también tenía un bebé.

Cuando colgamos, mis sentimientos frágiles se llevaron mis fuerzas. Me eché en la cama y lloré tanto que pensé que nunca acabaría. Estaba devastada por no haber podido ver a mi papá antes de que muriera. Tenía muchísimas preguntas que hacerle, y ya no las contestaría. ¿Por qué no luchó por mí? ¿Por qué me golpeaba tanto si me amaba? ¿Por qué no me recibió de vuelta en la familia cuando me rescataron? ¿Por qué mis hermanos pudieron crecer en el hogar familiar, por pobre y disfuncional que haya sido, y a mí me vendieron como un mueble? ¿Por qué?

En las semanas y los meses que siguieron pensé mucho en esa llamada telefónica, y supe que si de verdad quería ir a Egipto a ver a mi familia, lo más probable era que encontraría una manera. Pero me daba cuenta de que no quería ir. No en ese momento.

No estaba lista. Había dejado salir mucha ira, pero aún hervía por dentro y no me parecía que una reunión fuera a ser nada positivo.

El motivo principal de mi decisión fue que aunque se trataba de mi familia biológica, ya no era mi verdadera familia. Había formado una nueva con mis amigas Ambar, Teresa y Karla, e incluso con Mark y mi papá adoptivo. Eran las personas que amaba y que me apoyaron durante años, y por sus actos se habían ganado el derecho de que las llamara *mi familia*. No pasaba lo mismo con mis padres y mis hermanos de sangre.

Otro factor era que ya no conocía a mi familia egipcia. Por las circunstancias de mi vida, ya no teníamos los mismos puntos de referencia, la misma religión ni las mismas opiniones. No teníamos nada en común y, para ser sincera, ni siquiera me acordaba bien de la mayoría.

No descarté un viaje a Egipto en el futuro. No estaba segura de si era verdad o no que mi madre no tenía buena salud, y sabía que, de ser cierto, podría perder la oportunidad de volver a verla. Si así ocurría, tendría que aceptarlo. Sabía que había reunido todos los hechos, sentimientos y emociones, y que había escogido lo mejor para mí.

Pienso en ellos cuando oigo sobre las revueltas sociales que ocurrieron en los últimos tiempos en Egipto. Sé que algún día quisiera decirles a mis hermanos y hermanas que el mundo es más grande de lo que han conocido. Quisiera mostrarles que les espera una vida mejor, aun si es en otro país. Pero la verdad es que algunos días estoy más abierta que otros a esta idea. Lo que puedo decir con certeza es que si en el futuro se presenta la oportunidad de que nos encontremos, lo pensaré.

Estaba contenta de que la mujer que había conocido se hubiera tomado el tiempo de buscar a mi familia, y hasta me parece bien que esa historia haya terminado con un artículo difundido por Internet. Estaba agradecida por la oportunidad de hablar con ellos. Pero sé también que necesito tiempo antes de dar otro paso. De hecho, quizá necesite mucho, mucho tiempo.

CAPÍTULO QUINCE

Una de las secuelas persistentes de mi tiempo en cautiverio era mi falta de confianza, tanto en la gente como en ciertas situaciones. Me toma mucho tiempo empezar a sentirme cómoda con alguien, aun en un entorno informal. Mark fue paciente conmigo en los días posteriores a mi rescate. Aun antes de que pudiéramos comunicarnos directamente, cuando hablábamos por medio de un traductor, él intentó hacerme sentir que era inofensivo, que era alguien en quien siempre podía confiar y con quien podía contar. Para lograrlo, no me hablaba como a una víctima, sino como a una persona. Me preguntaba una y otra vez cómo estaba, cómo me gustaba pasar el tiempo y qué me gustaría hacer en el futuro.

No me di cuenta en ese momento, pero esas son preguntas que los amigos se hacen entre sí. Desde entonces, cada persona que conozco debe tomárselo casi con la misma paciencia que Mark me tuvo hace diez años. Como mi mundo estaba de cabeza en esa época, y como mi niñez no fue tal, yo me relaciono con la gente de una manera diferente.

He descubierto que las personas deben ganarse mi confianza en determinadas situaciones para que pueda considerarlas gente de fiar. Por ejemplo, si en la tienda donde trabajo hay mucho ajetreo y un empleado tiene un arranque de cólera, ese empleado no es alguien en quien yo pueda confiar en el futuro. O si voy en un coche con alguien y se nos desinfla un neumático, si mi acompañante quiere mi confianza será mejor que actúe con calma en lugar de maldecir.

Una vez que he visto que la gente se comporta de manera decente en situaciones difíciles, dejo que se acerquen en un nivel más personal. Pero si mi nueva amiga me dice que nos veremos a las ocho en punto, más vale que esté a esa hora. De lo contrario, perderé la confianza en ella. Si un empleado en mi tienda es responsable de hacer pedidos, será mejor que haga su trabajo. De otra forma, no podré confiar en él.

No quiero sonar inflexible, pero en cierta medida somos producto de nuestro entorno. Mi falta de confianza es solo una de las consecuencias de haber estado en cautiverio. Sin embargo, si descubro que puedo confiar en que harás lo que dices, incluso podríamos llegar a ser amigos. Esta manera de pensar me fue útil en todos los aspectos de mi vida, pero en especial cuando se trataba de citas.

Cuando empecé a salir con chicos, si mi acompañante cometía un solo error, ahí se acababa todo para él. Adiós: te vas. Ahora siento lástima por algunos de esos muchachos, pues eran jóvenes, y los jóvenes cometen errores. También me siento mal por mí, porque es probable que haya sacado a varias personas buenas de mi vida demasiado pronto. Pero no podía arriesgarme. Ya había recibido tantos golpes, amenazas, imposiciones y promesas incumplidas de los hombres, que si el chico con el cual salía no era firme como una roca, yo no quería tener nada que ver con él.

Desde luego, muchas mujeres tampoco me habían tratado bien. Mi madre me había vendido como esclava, y mis dos ex madres adoptivas y la actual habían sido difíciles, cada una a su manera. Aún creo en la bondad de la gente. Creo que fue mala suerte haber estado rodeada en los primeros años de mi vida por adultos que vivían demasiado concentrados en sí mismos. El triste resultado era que no les quedaba nada que dar a otros.

Me tomó un largo tiempo aprender a separar a la gente buena de la mala a mi alrededor. ¿Era el profesor un abusivo, como mi padre biológico? ¿O era un tipo firme y honesto? Yo había conocido muchos de los primeros y pocos de los segundos, y me resultaba difícil distinguir cuál era cada uno. Pero tuve que hacerlo.

Para cualquier persona que durante su vida tuvo relaciones duraderas con gente a la que ha conocido y amado y en la cual ha confiado, rodearse de individuos honorables y dignos de confianza podría no parecer gran cosa. Pero yo no había tenido ninguna relación de ese tipo, lo cual explica por qué para mí admitir en mi vida solo al tipo indicado de personas era una táctica de supervivencia mucho más importante que para otros.

Recuerdo mi tiempo en cautiverio y las ocasiones en que llevé a los gemelos al parque que estaba al otro lado de la calle y a una piscina cercana. Esas salidas me dieron la oportunidad de observar a las personas, de ver cómo la forma en que caminaban afectaba su tono de voz, de mirar qué postura tomaban al estar cerca de otros y cómo cambiaba eso sus expresiones faciales. Estudié a la gente con tanta atención que probablemente obtuve el equivalente a un título universitario en lenguaje corporal. Esas experiencias me dieron las bases sobre las cuales construí mis relaciones actuales.

Con el tiempo llegué a distinguir con bastante rapidez si una chica estaba conmigo porque ambas teníamos mucho en común o si solo quería estar cerca de mí porque mi fotografía había aparecido en el periódico. Sabía de inmediato si un muchacho pensaba que yo era una incauta porque mi inglés no era perfecto o si deseaba aprovecharse de mi generosidad. Me encontré con muchas situaciones así cuando estuve en la secundaria, y desde entonces he perfeccionado el método.

Después de salir con un chico durante algunos meses, me sentí orgullosa de mí misma cuando rompimos porque no me gustaba esa relación. Él me agradaba y yo le agradaba a él. Pero no encajábamos juntos. Ese fue un enorme descubrimiento para mí. Esa fue la primera vez que dejé de estar con un chico por cómo era él, más que por compararlo con los hombres de mi pasado.

Ahora puedo intuir de inmediato si una persona es buena o si puede terminar lastimándome. Esta habilidad resultó especialmente útil cuando vi a un chico que trabajaba en una tienda del mismo centro comercial que yo. Ese muchacho era independiente, lindo, inteligente, atractivo y transmitía una gran energía. Aun sin conocerlo, sabía que era confiable. Parecía algunos años mayor que yo y era el gerente de una tienda, lo cual me indicó que sus jefes pensaban que era alguien responsable.

Por una extraña coincidencia supe que se llamaba Daniel Uquidez y que yo conocía a su hermano, quien también trabajaba en el centro comercial. El lugar era grande, pero muchos empleados de las diferentes tiendas se llevaban bien, así que fue relativamente fácil conocer a Daniel. Después busqué con regularidad excusas para pasar por su tienda y saludar o para entrar con un amigo que quería comprar algo. Cuando lo veía pasar, camino al estacionamiento o al regresar, conversábamos. Me encantaba hacerlo sonreír.

Me gustaba el hecho de que me hubieran presentado a Daniel en un entorno profesional. Para él yo era la chica que trabajaba en una tienda cercana. Por lo general, todos me conocían como "la chica que fue esclava" o "la muchacha que siempre aparece en el periódico". Pero en realidad era mucho más que eso, y esas viejas identidades me sacaban de quicio.

Me alegraba que Daniel me hubiera conocido primero como alguien más, antes de descubrir esa parte de mi pasado.

Nuestra amistad creció poco a poco, y eso también me gustó. Ese paso lento me permitió pensar mejor si él era alguien con quien quería pasar más tiempo o si yo debía mantener nuestra relación como algo leve, amistoso y profesional.

Después de que conocí a Daniel cambié de empleo y empecé a trabajar de nuevo en Godiva. Eso fue a finales de 2010. Trabajé ahí solo unos meses antes de que la tienda cerrara y luego entré como vendedora a Versace. Eso ocurrió durante una temporada en la cual era difícil encontrar trabajo y yo me sentía afortunada de haber obtenido el puesto, pero lo que más me agradaba era que seguía estando en el centro comercial, donde podía ver a Daniel con regularidad durante el día. Además, después de conocer la línea de productos de Versace descubrí que tenía absoluta confianza en ella, lo cual me facilitó generar ventas.

Pasaron días y semanas, y aprendí más acerca de él. Provenía de una familia católica numerosa y unida, y nuestras conversaciones informales mostraron que teníamos ideas y sentimientos en común acerca de lo que es importante en la vida. Incluso los dos padecemos asma.

Pero aun así, si Daniel me hubiera presionado y de inmediato me hubiera pedido que saliéramos, yo me habría sentido demasiado incómoda como para aceptar. Sin embargo, él esperó unos meses, y cuando me lo pidió le contesté con un rotundo sí.

Después me dijo que había estado reuniendo valor para pedirme que saliéramos alguna vez. Él me veía como una mujer fuerte e independiente, y había crecido con muchas mujeres así en su familia. Me alegró que me haya pedido de salir porque me respetaba como mujer. Creo que si más relaciones empezaran de esta forma habría muchas menos peleas y los divorcios disminuirían.

Daniel sabía cuánto amaba yo el béisbol y en particular a los Ángeles de Anaheim, así que en nuestra primera cita me llevó a un partido en el que jugaron de locales. Luego me enteré de que no le interesaba tanto el béisbol, pero para él era importante que hiciéramos algo que me gustara. En ese momento supe que me quedaría con él.

Después del juego fuimos a ver tres películas en tres días. Y nos volvimos casi inseparables. Él sabe lo tranquilizante y saludable que es el mar para mí, y fuimos muchas veces, aun cuando no hubiera una playa cerca de donde vivíamos. Huntington Beach está a varias horas con buen tránsito, pero nos gusta porque es limpia, agradable y no demasiado concurrida. Además, las tiendas y los restaurantes cercanos permanecen abiertos más tiempo que en otras playas. También viajamos a Santa Mónica a escuchar bandas que tocaban junto al mar. Cerca de casa, bailar y comer en restaurantes que no conocíamos eran actividades frecuentes. Hasta fuimos a Disneylandia.

Desde que conocí Disneylandia con la Mamá, el Papá y los gemelos, había vuelto varias veces. Había ido con mis familias adoptivas, y la primera vez que estuve ahí después de haber sido rescatada fue algo extraño. Tuve recuerdos de cuando me quedaba a un lado, con las mochilas de los niños, mientras ellos disfrutaban de los juegos. Pero no tenía esos pensamientos con Daniel. Como recordatorio de lo lejos que había llegado todo, me sentía tan natural con él que era capaz de dejar en el pasado las cosas malas que me habían sucedido.

Había otro aspecto en el cual Daniel era distinto de otros muchachos con los que yo había salido: en cómo discutimos. Al igual que muchas otras parejas, tuvimos varias peleas estúpidas. De hecho, eran tan estúpidas que he olvidado a qué se debieron. Cuando discutimos por primera vez, mi reacción inicial fue pensar: *Es otro de esos chicos. ¡Adiós!* Pero con él solo pensé eso durante un instante, porque mi segunda reacción fue: *Él no es como los hombres musulmanes que me maltrataron.* Y no lo era.

Por medio de esas peleas me di cuenta de cuánto me gustaba Daniel, pero también de cuánto quería que estuviera conmigo y yo estar con él. Hacíamos una buena pareja.

Desde Daniel hasta Amber, Teresa, Karla y PaNou Thao (otra increíble mujer a quien conocí en el trabajo y se convirtió en una amiga querida), para cuando yo tenía veintiún años me había rodeado de amigos fuertes, confiables, responsables, atentos y divertidos. Estas personas se habían convertido en mi círculo cercano y yo me sentía como un miembro apreciado de sus familias cuando pasaba con ellos Navidad, el Día de Acción de Gracias y Pascua. En algunas fiestas recibía muchas invitaciones y tenía que dividirme en tres o hasta en cuatro para poder verlos a todos. He llegado a sentir que soy la chica más afortunada del mundo por tener a cada uno de ellos en mi vida. Juntos, mis amigos son mucho mejor que una familia biológica, pues ellos están conmigo porque quieren. Algunas familias biológicas solo son familia porque tienen que serlo.

Todos mis amigos tienen una actitud tan positiva hacia la vida que yo adoro estar con ellos. No busqué desde un principio gente con estas cualidades, pero de manera inconsciente debo haberme dado cuenta de que los necesitaba.

Durante mis años en cautiverio, y después, tuve mucho tiempo para pensar acerca de la gente. Comprendí que si te rodeas de personas malas y negativas, en eso te convertirás. La Mamá y el Papá estaban ensoberbecidos. Pensaban que eran mejores que los demás y creían que merecían un trato superior. Sus hijos se sentían de la misma manera. Y todos poseían mal temperamento. Tenían la reacción infantil de abofetear a alguien cuando se enojaban. ¿Quién quiere estar cerca de gente tan negativa como esa?

En la secundaria conocí chicos a los que sus "amigos", que siempre estaban en problemas, arrastraban al fondo. Conocí jóvenes que se convirtieron en lo mismo que sus amistades y que a causa de ello perdieron muchas oportunidades, como ir a la universidad o tener buenos empleos. Pero también vi el extremo opuesto del espectro; el respeto que Mark y sus compañeros tenían entre sí, y la amistad que se desarrollaba a partir de ese respeto. Durante largo tiempo mis propios amigos me demostraron con sus acciones que eran leales y dignos de confianza. No siempre estábamos de acuerdo, pero cuando discrepábamos lo hacíamos de manera respetuosa.

Ahora sé que si deseo vivir y trabajar en un ambiente fabuloso, si quiero seguir aprendiendo y creciendo para convertirme en una mejor persona, debo rodearme de gente positiva que me apoye en la búsqueda de mis metas.

Conozco mucha gente llena de matices que puede reflexionar y discutir sobre algo por semanas y nunca avanzar. Esas personas caminan sobre la línea que divide el bien del mal, sin jamás encontrar ninguno de los dos. Esa no soy yo. Soy alguien que ve las cosas en blanco y negro y ha descubierto que casi siempre hay dos posibles cursos de acción: el correcto y el incorrecto. El bueno y el malo. Cuando lo piensas, la alternativa buena y correcta siempre es bastante clara. Sin embargo, ese camino no siempre es sencillo, y esa es la perdición de mucha gente.

Después de que llegué a Estados Unidos, entendí que la Mamá y el Papá sabían que no era correcto que yo estuviera en su casa en esas circunstancias, pues me prohibían abrir la puerta o contestar el teléfono. Cuando llegaban visitantes no musulmanes yo tenía que esconderme en la bodega. Lo bueno y correcto habría sido enviarme de regreso con mi familia, o llevarme al departamento de trabajo social. Pero ellos tomaron la decisión egoísta de mantenerme ahí, oculta.

Su mala decisión no solo los llevó a la cárcel, sino que además sus hijos fueron deportados a Egipto. Esa mala decisión rompió la unidad de su familia. Por medio de Mark y de notas en los periódicos supe que la Mamá fue deportada después de que cumplió su sentencia en prisión, en 2008. También me enteré de que en su casa en Egipto tiene a otra jovencita que no va a la escuela y a quien rara vez se ve afuera. La esclavitud infantil es ilegal en Egipto, pero como es ampliamente aceptada, la Mamá no debe creer que esté en riesgo de enfrentar otro proceso penal.

Mark me dijo que en algún momento la pareja se divorció, pero al parecer para el Papá era peligroso regresar a Egipto. Cualquier cosa que haya hecho debió de ser muy mala. Otra decisión equivocada. Él volvió a casarse en Estados Unidos, con una ciudadana estadounidense. Esto fue poco después de su divorcio y de su salida de prisión, en 2009. Si está casado con una ciudadana de Estados Unidos y se mantiene fuera de problemas, puede permanecer en el país. Tiempo después de que el Papá volvió a casarse, un juez de inmigración determinó que podía ser deportado, pero luego dijo que no tenía que marcharse. Tras el veredicto del juez, agentes del Servicio de Inmigración y Control de Aduanas le retiraron la custodia, pero le impusieron una orden de supervisión, lo que significa que debe reportarse con ellos periódicamente.

Por medio de Mark y de mi equipo de abogados también supe que el Papá vendió tan pronto como pudo la casa donde viví en cautiverio. Me dijeron que pudo haberlo hecho para no tener que entregármela. Sus abogados debieron de haber pensado que esa era una posibilidad que podría surgir en el futuro, en algún juicio o audiencia, porque él vendió la propiedad en tiempo récord. Estoy segura de que en algún momento esa mala decisión también se volverá en su contra.

Cada una de esas decisiones llevó no solo al Papá, sino a toda su familia, por el camino de la desintegración. Le hubiera resultado fácil ser un hombre más bondadoso y compasivo que tomara buenas decisiones y llevara una vida honesta. Pero no lo era. Y no lo hizo. Yo sabía que no quería estar cerca de nadie que tomara decisiones como él. Por eso todos los que ahora forman parte de mi vida deben escoger lo correcto y lo bueno. A fin de cuentas, es la alternativa más fácil.

Algunas veces me han preguntado si tengo miedo de que el Papá siga en Estados Unidos. Mi respuesta es no; no tengo absolutamente ningún deseo de volver a mirar a ese hombre, y me imagino que él quiere dejar atrás su condena y simplemente vivir su vida.

Además, ya no soy la niña débil que vivía en su casa, ahora soy una mujer fuerte y él no representa una amenaza para mí. Y como ya cumplió su condena por lo que me hizo, tampoco soy yo una amenaza para él. He aprendido que Estados Unidos es un país grande. Si bien preferiría que no estuviera aquí, hay suficiente espacio para los dos.

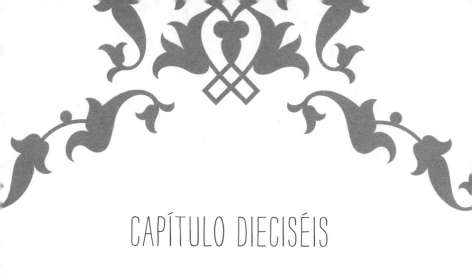

CAPÍTULO DIECISÉIS

El año 2011 fue especial para mí. Fue el año en que por fin me convertí en ciudadana de los Estados Unidos de América. Aprendí que el trámite se llama "naturalización".

Convertirse en ciudadano estadounidense requiere mucho papeleo. Primero tuve que llenar una solicitud de diez hojas con preguntas sobre mi lugar de residencia, educación, trabajo, matrimonios, viajes fuera de Estados Unidos y organizaciones a las que pertenecía. Luego había preguntas sobre mi carácter moral y si bebía, apostaba o me drogaba. Había incluso un lugar para cambiar de nombre, si quería. Eso ya lo había hecho cuando me adoptaron, y no pensé que tuviera que hacerlo de nuevo, así que dejé el espacio en blanco.

Pero las preguntas más importantes trataban de si estaba de acuerdo con la constitución y forma de gobierno en Estados Unidos.

Tuve que marcar cuadros que decían que entendía el juramento de lealtad al país y que estaba dispuesta a pronunciarlo. Sí, claro que estaba dispuesta. El juramento dice:

Por este acto declaro, bajo juramento, que renuncio y abjuro absolutamente y completamente de toda lealtad y fidelidad a príncipes, potentados, estados o soberanía extranjera de la que hasta el día de hoy haya sido súbdito o ciudadano; que sostengo y defiendo la Constitución y las leyes de los Estados Unidos de América frente a todos sus enemigos, externos e internos; que mostraré lealtad y fidelidad verdaderas a las mismas; que tomaré las armas por Estados Unidos cuando la ley lo exija; que prestaré servicios civiles a las fuerzas armadas de los Estados Unidos cuando lo exija la ley; que realizaré trabajos de importancia nacional bajo dirección civil cuando lo exija la ley; y que asumo esta obligación libremente, sin reservas mentales ni intención de evadirla; lo juro por Dios.

No podía esperar a estar frente a un juez para pronunciar estas palabras, porque me sentía afortunada de encontrarme en Estados Unidos. Hubiera podido terminar en cualquier parte. Cuando la Mamá y el Papá se dieron cuenta de que tenían que huir de Egipto antes de que le pasara algo malo al Papá, él pudo haber optado por casi cualquier país. Escogió este, y tengo que decir que probablemente fue una de las pocas decisiones buenas que tomó.

Para poder enviar mi solicitud de naturalización, tenía que ir a tomarme las fotos para el pasaporte. Me sentía aturdida de la emoción cuando la fotógrafa captó mi imagen en la cámara.

Luego tuve que entregar varios documentos, como copias de mi historial fiscal y de la tarjeta verde. Y tuve que presentarme para que me tomaran las huellas dactilares. Ya tenía una impresión en el departamento de Policía local, por el programa de exploradores, pero me imagino que el gobierno federal necesitaba sus propias huellas.

Por medio de Andrew Kline, uno de los abogados que trabajó conmigo en el caso contra mis captores, conseguí un abogado experto en inmigración para que me ayudara con los trámites de naturalización. Andrew me recomendó el bufete de Seyfarth Shaw, que se especializa en asuntos migratorios. Angelo Paparelli fue mi abogado ahí, pero también trabajé con Elizabeth Wheeler, a quien conocí como Liz.

En pocas palabras, el trámite fue largo y el paquete que entregué al final fue bastante grande. Después, a esperar. Y esperar. Estaba nerviosa y me acabé las uñas. Un mes más tarde, me avisaron que tenía que presentarme a una entrevista y un examen. Gracias al cielo la cita era para unas semanas más adelante, así que tuve tiempo de estudiar todo.

El Servicio de Ciudadanía e Inmigración me dio a leer un folleto y me entregó un disco compacto para que lo escuchara… y lo hice todos los días en mi coche, al ir y volver del trabajo. Luego, estudiaba en cada momento libre. Estoy contenta de que mis amigos y colegas me apoyaran siempre. Me ayudaron haciéndome preguntas del folleto. En total eran cien, de las que solo me preguntarían diez, pero como no sabía cuáles serían, estaba determinada a aprender todas las respuestas.

La ayuda de mis amigos fue importante, porque cuando se trata de estudiar, mi memoria no es buena. Mientras que otro puede leer algo y memorizarlo enseguida, yo tengo que repasarlo una y otra vez hasta que se me pega. Creo que es otro efecto residual de mi época empobrecida en Egipto y de mi esclavitud. Mi cerebro no tuvo la oportunidad de formarse en los primeros años, cuando estaba más capacitado para hacerlo. En cambio, aprendió tácticas de supervivencia, que también son importantes. Sin embargo, para funcionar bien en la sociedad actual, la gente tiene que aprender a estudiar. Hay que aprender a aprender.

Como se me dificulta estudiar, me sentí aliviada cuando vi que algunas de las preguntas del examen eran muy básicas, como: "¿Quién fue el primer presidente?" George Washington. "¿Dónde se encuentra la capital del país?" Washington D.C. Otras eran más difíciles. Tuve que aprender cuántos senadores hay. Son cien. "¿Quién era el presidente cuando fue la Gran Depresión?" Franklin Roosevelt. "¿Cómo se llaman las diez enmiendas de la Constitución?" La Carta de Derechos. "Si el presidente y el vicepresidente no pueden cumplir sus funciones, ¿quién se convierte en presidente?" El presidente de la Cámara de Representantes, etc.

Mis amigos estaban asombrados de que tuviera que aprender todo eso, porque ellos mismos no sabían la respuesta a muchas de las preguntas. Si quieren entretenerse, vayan a la página de Internet del Servicio Estadounidense de Ciudadanía e Inmigración y vean cuántas de ellas pueden responder.

Hubo una pregunta que me sabía al derecho y al revés. Aprendí la respuesta en una clase de Historia y se me había quedado grabada. La pregunta era: "Diga una causa importante de la Guerra Civil". La esclavitud. La esclavitud fue una de las principales causas de la Guerra Civil en Estados Unidos. Nunca se me olvidó, porque con esa guerra se puso término a la esclavitud legal. La Guerra Civil le dio las bases legales al gobierno estadounidense para rescatarme. No, no iba a fallar la respuesta a esa pregunta.

Otro factor del examen tenía que ver con la escritura. Ya hablaba inglés con soltura, pero el inglés escrito todavía me daba problemas. Me alegré cuando vi que la mayor parte del examen iba a ser oral.

El día de la entrevista y el examen de ciudadanía, me subí al automóvil y acto seguido tomé el camino equivocado. Me iba a reunir con Liz en la oficina de gobierno de Riverside, California, que no estaba muy lejos. He estado en Riverside un sinnúmero de veces, así que si me perdí, es prueba de lo nerviosa que estaba.

Por fortuna llamé a Liz varias veces para decirle dónde estaba y ella me encaminó en la dirección correcta al edificio indicado.

Perderme no me sirvió para calmar los nervios. En primer lugar, en la carta que me habían enviado con la información sobre mi cita se dejaba en claro que debía llegar por lo menos con quince minutos de anticipación. No solo no iba a lograrlo, sino que, de hecho, llegaría con por lo menos quince minutos de retraso. Eso era motivo suficiente para cancelar la cita.

Si se hubiera cancelado la cita, me habría sentido devastada. Durante años soñé y esperé convertirme en ciudadana estadounidense, y ahí estaba, tratando de contener las lágrimas y manejando frenéticamente por el centro de la ciudad. Sentía un nudo en el estómago y tenía dificultades para respirar. El estrés puede inducirme un ataque de asma, y esperaba no sufrir un episodio agudo antes de llegar.

Liz fue la calma en medio de la tormenta. Informó al personal de inmigración sobre mi hora aproximada de llegada y los convenció de mantener la cita. ¡Fue todo un alivio!

Cuando por fin llegué, ella me ayudó a pasar por el detector de metales y me dirigió a la recepción para que me registrara. Tendría apenas unos minutos para calmarme y luego vendrían por mí para llevarme a una oficina. Liz me brindó una sonrisa llena de confianza cuando me llamaron a presentar el examen más importante de mi vida.

La mujer que vino por mí era agradable, pero me intimidó bastante. Antes de que pudiera sentarme, tuve que colocarme de pie frente a ella, levantar la mano derecha y acceder a decir la verdad durante el examen y la entrevista. Para cuando me senté, estaba temblando.

Tenía que traer los originales de toda mi documentación, y por ahí empezó la funcionaria. Luego, firmé muchos papeles y pasamos a la solicitud que había enviado meses atrás. Me hizo preguntas sobre la información que anoté en la solicitud, pero Liz me había dicho que la mujer también iba a evaluar mi comprensión del inglés, así como mi capacidad de hablarlo. Saber el idioma es uno de los requisitos para obtener la ciudadanía. Mis clases de apoyo de inglés rindieron sus frutos. Era parte de la prueba y sabía que iba a pasarla.

Luego comenzó el examen. Tenía tres partes. La primera era un examen oral sobre la historia y el gobierno del país. De las diez preguntas que me hizo, tenía que contestar bien seis. Cuando tuviera seis correctas, dejaría de preguntar, aun sin haber formulado las diez. Estuve nerviosa y no recuerdo todos los detalles, pero creo que supe todas las respuestas. Quizá tuve una mala y la mujer me hizo siete preguntas.

La segunda parte del examen fue de lectura en inglés. La mujer me mostró una frase para que la leyera en voz alta. ¡Pan comido! La tercera parte, la última, consistió en escribir una frase que me dictó. Fue lo que me resultó más difícil; me temblaba la mano y trataba de que no se me resbalara la pluma. Escribí lentamente y con esmero. Miré las palabras escritas y resistí el impulso de cambiarlas. Entregué la hoja.

La señora miró la frase y escribió algo en sus notas. Luego, firmó otra hoja y me la entregó. "Felicidades por haberse convertido en ciudadana de Estados Unidos", me dijo.

Me tomó un instante asimilar lo que me estaba diciendo. Luego entendí que había pasado todas las pruebas y me puse a llorar. Mis años de cautiverio no habían sido en vano. Mi esclavitud me había traído a este gran país y ahora era ciudadana, con plenos derechos y privilegios. ¡Hasta podía votar! Bueno, podría votar en cuanto pasara por la inminente ceremonia de ciudadanía y pronunciara el juramento de lealtad.

Cuando regresé a la recepción, donde estaba Liz, sentí una oleada de alivio. Se había terminado: mis horas de estudio, los meses de ansiedad de que no aprobara o de que el gobierno encontrara alguna oscura regla que me impidiera convertirme en ciudadana. Por fin era tan libre como cualquiera. Pagué un precio enorme por mi libertad. Ahora podía hacer planes reales para ayudar a otros a quedar libres.

Además del hecho de que se me había abierto la puerta para ser policía o agente de ICE (o las dos cosas), al convertirme en ciudadana de Estados Unidos había tenido que renunciar a mi ciudadanía egipcia. Ya no estaba obligada a tener nada que ver con ese país, y sentí que se había cortado el último lazo que me ataba.

Creo que Liz estaba tan contenta como yo. Lo primero que hizo fue llevarme a una tienda que quedaba cerca, a comprar un marco para poner mi certificado de ciudadanía. Sabía que era más de lo que debía hacer como mi abogada, y aprecié su gesto. Pero no había terminado. A continuación, nos fuimos a comer a un agradable restaurante.

La elección del restaurante fue curiosa, porque mi familia adoptiva y yo fuimos a otro establecimiento de la misma cadena cuando concluyó el trámite de mi adopción. Aquella vez la pasamos de maravilla, y ahora, Liz y yo pasamos otro rato excelente celebrando mi ciudadanía. Como el restaurante quedaba de camino a mi casa, me fui en mi propio auto siguiendo a Liz. Con las prisas por llegar al examen, había olvidado mi teléfono en el coche. Cuando lo revisé, había más de diez llamadas de amigos que querían saber si había aprobado. Qué bendición; no podía tener mejores amigos. Algunos llamaron o enviaron mensajes más de una vez, ansiosos por enterarse de las noticias. No sabían que se me había hecho tarde para la cita y se morían por enterarse de lo que había pasado.

Al primero que llamé fue Daniel. Estaba muy emocionado por mí y me di cuenta por milésima vez de cuán especial es. Rápidamente hizo planes para salir temprano de la oficina y llevarme a cenar. Mi siguiente llamada fue para Amber. Sin la amabilidad y generosidad que me brindaron ella y su familia, no sé qué hubiera sido de mí. Casi podía verla a través del teléfono saltando de alegría.

Había tantos a los que llamar, como Teresa, Karla y PaNou, que envié un mensaje grupal de texto. Lo único que decía el mensaje era: "¡Pasé!".

Dos personas a las que no les avisé fueron mi mamá y mi papá adoptivos, pero aquella tarde Steve llamó de la nada. Para entonces, nuestra comunicación era esporádica, pero más o menos hablábamos. "¿Qué haces?", me preguntó. Cuando le conté que estaba celebrando que había aprobado el examen de ciudadanía, se enojó mucho de que no lo hubiera incluido. No le había dicho que aquel día me presentaría ni lo había invitado a celebrar el gran acontecimiento con mis amigos.

No tuve que pensar dos veces en los motivos. Aunque le concedo a Steve el mérito de tratar de reconciliarse y de establecer una buena relación con sus hijos, y aunque le había permitido quedarse en mi casa varios meses cuando se divorció de mi mamá adoptiva, todavía estaba enojada por lo del dinero. Él y Patty se gastaron decenas de miles de dólares sin mi autorización, y aunque habían pasado varios años, ninguno de los dos había hecho el menor intento por pagarme. Fui cordial con él y hasta me sentí alentada por sus esfuerzos de ser un buen padre, pero creía que mi enojo estaba justificado.

Hice mi juramento y me convertí oficialmente en ciudadana de Estados Unidos el jueves 15 de diciembre de 2011. Ese día me vestí esmeradamente con una blusa negra y pantalones negros elegantes, que combiné con aretes largos de plata y un collar también de plata. Llevé suelto el pelo, negro y largo, y la sombra azul de los ojos hacía juego con mi bolso.

La ceremonia se realizó en el club campestre Quiet Cannon, en Montebello, California, al este de Los Ángeles. Amber y Teresa vinieron conmigo en el auto y Mark llegó poco después que nosotras. Le di un enorme abrazo. Estaba contenta de que hubiera venido. Sabía, sin lugar a dudas, que sin él no me habría encontrado ahí ese día.

Ingresé en el enorme salón y me entregaron una pequeña bandera estadounidense que hasta la fecha atesoro. Éramos aproximadamente novecientos los que nos convertiríamos en ciudadanos, pero el salón estaba repleto con muchos más. Entre los que se iban a naturalizar, sus amigos y familiares, había un grupo de periodistas y camarógrafos de noticias. Estoy segura de que ese día había personas interesantes que estaban por naturalizarse, pero a esos periodistas la única que les interesaba era yo.

Desde la sentencia de la Mamá y el Papá en 2006, había salido en las noticias muchas veces. Medios del sur de California, como *Los Angeles Times*, la televisora KTLA, el *Orange Country Register*, la Associated Press y muchos otros me habían defendido y habían usado mi historia para crear conciencia sobre el tráfico de personas entre la opinión pública. Ya había hablado con varios reporteros que estuvieron en la ceremonia. Además de mis días como esclava y de los detalles de mi rescate, los periodistas se interesaban en casi todo lo que hacía. Desde mi adopción hasta mi graduación o mis conferencias, parecía que había siempre una cámara que me apuntaba o un reportero que esperaba hablar conmigo.

Muchas veces no me importaba, porque sabía que cuantas más personas conocieran mi historia, mayores probabilidades habría de que alguien fuera rescatado. Aquel día recibí con gusto a los periodistas. Estaba tan emocionada que nada arruinaría mi buen ánimo. Nada.

Poco a poco se apagaron las voces y los ruidos en el salón y nos sentamos. Enseguida entró un juez federal. Me puse de pie y ahí, junto con casi novecientos más, rendí juramento como ciudadana estadounidense naturalizada. Después, todos aclamamos y mis amigos se arremolinaron para felicitarme.

Cuando las cámaras se enfocaron en mí, les dije a los reporteros: "Pasé por algo terrible, pero ahora estoy en un lugar magnífico. No me imagino nada mejor que tener mi propia vida". Es verdad.

La vida del esclavo le pertenece a otra persona. Es una existencia inimaginable para los demás. Espero que pronto nadie sufra la abrumadora sensación de pérdida, frustración, agotamiento, hambre, palabras denigrantes y maltrato físico que sufrí.

El día de la ceremonia de ciudadanía fue el mejor de mi vida. Venir de una pobreza tan extrema y de haber sido vendida como esclava no contribuyó en nada a que sintiera que era parte de algo. Cuando me lanzaron al otro lado del océano y me pusieron en una sucesión de grupos y hogares de adopción temporal en varias ciudades, terminé con la sensación de que no era de ningún lugar.

Pero ahora hay un sitio que es mi casa: Estados Unidos de América.

En el futuro, creo que un día seré policía o agente de Inmigración y Aduanas, y espero dedicar el resto de mi vida a ayudar a los demás a salir de la esclavitud. Ya llegué hasta aquí, y sé que alcanzaré mi meta.

CAPÍTULO DIECISIETE

Cuando llegué a Estados Unidos pocas personas me veían o apenas sabían que existía, porque casi todo el tiempo me mantenían dentro de la casa. Pero con el correr de los días empecé a llevar a los gemelos de mis captores al parque situado al otro lado de la calle, y luego a la piscina. Con excepción de las mujeres asiáticas que me miraban con extrañeza, creo que nadie pensaba que había algo raro en mí. Debieron haberlo pensado.

Hoy en día hay decenas de miles de personas retenidas contra su voluntad en Estados Unidos. Algunas son sirvientas, como yo lo era. Muchas otras son obligadas a trabajar en campos o en fábricas, o incluso a realizar actividades sexuales ilícitas. De no haber sido por un ciudadano preocupado, yo podría continuar en cautiverio. No sé qué vio, qué lo motivó a tomar el teléfono y contarle a la policía acerca de mí, pero pudieron haber sido varias cosas. Cualquiera que haya sido la razón, estoy agradecida de que él o ella decidiera actuar en vez de sentarse a contemplar.

En caso de que tengas sospechas acerca de alguna persona que hayas visto, aquí hay algunos puntos específicos en los que hay que fijarse, además de información sobre a quién llamar y qué decir. Solo se necesita una llamada para poner en marcha el proceso que puede llevar al rescate de alguien como yo. Recuerda, no obstante, que las pequeñas señales siempre son parte de un panorama más amplio, así que debes tener cuidado de no dar nada por sentado y compartir tus preocupaciones con un adulto en el cual confíes.

Si la persona de la cual sospechas que es un esclavo está en un espacio público, puedes observar su ropa. Si está vestido con prendas que no encajan, que se ven más anticuadas y sucias que las de sus acompañantes, puede ser un indicio de que esa persona sea víctima del tráfico de humanos.

Cuando viví con mis captores, mi ropa era siempre de segunda mano. Con frecuencia no me quedaba, y como me prohibían usar la lavadora, nunca se veía tan limpia como debía. Sin embargo, la vestimenta por sí misma no es evidencia suficiente, pues hay mucha gente para la cual la ropa no es importante o no tienen dinero para comprar algo mejor. En la tienda donde trabajo he visto gente rica que va en pijama a hacer sus compras, así que la indumentaria es solo una pieza de un gran rompecabezas.

Otro indicio de que alguien puede estar en cautiverio es su nivel de actividad en comparación con el de la gente con la cual se encuentra. Si viste mal y no participa en actividades con los demás, eso puede ser otro foco rojo. Es especialmente importante ver si la persona actúa como si estuviera al servicio de los otros.

Aunque fui a Big Bear Lake, Disneylandia y Sea World con la familia que me tenía cautiva, no se me permitía participar en las actividades de esparcimiento de los niños. No podía subir a los juegos mecánicos ni nadar con los delfines. Y cuando compraban comida o recuerdos, jamás eran para mí.

Nunca me llevaron a una tienda, pero si así hubiera sido, habría cargado paquetes mientras mis captores iban con las manos vacías. Habría caminado detrás de la Mamá y el Papá manteniendo la mirada baja. En exteriores, en un lugar como un parque, el esclavo puede darle agua a sus captores mientras estos juegan fútbol, o recoger sus pertenencias y llevarlas al auto mientras todos los demás conviven en un día de campo.

Otro gran indicador es su comportamiento. Una persona en cautiverio tiene una conducta completamente distinta de la de alguien que tiene un trabajo remunerado. Un esclavo mantendrá la mirada baja, aun cuando hable con otros. Esta es una mirada diferente de la de alguien tímido. Probablemente haya tristeza en su expresión facial y un aire de derrota en la forma en que se mueve. Además, camina y se mueve de una manera que lo distingue de los demás. Mantendrá cierta distancia y solo se acercará cuando los otros le digan que lo haga. Si alguna vez veía a algún individuo asustado o intimidado, especialmente al estar cerca de ciertas personas, yo prestaba especial atención, pues esa era exactamente la forma en que yo me comportaba cuando estaba con la Mamá y el Papá o con cualquiera de los miembros de su familia. Me aterrorizaba hacer o dejar de hacer algo y que mi acción o la falta de ella ocasionara que me abofetearan.

Ser llamada "niña estúpida" por muchos años dañó mi autoestima. Las palabras pueden ser hirientes, y si escuchas palabras que te lastiman por un largo tiempo, algo dentro de ti empieza a creerlas. Por ello, la forma en que yo caminaba y me movía indicaba mi total sumisión a mis captores.

Otra señal es la forma de hablar. La mayoría de las personas esclavizadas en Estados Unidos han sido traídas de otros países de manera ilegal. Un esclavo puede no entender inglés, así que la gente a su alrededor le habla en otro idioma. Si te le acercas a hacerle una pregunta, probablemente te mirará con miedo y confusión, y luego alguien más, probablemente su captor, responderá por él. Quizá te diga que es sordo, autista, mudo o que es un visitante de otro país: cualquier historia que desvíe tu interés y sospechas.

Yo aprendí desde el comienzo que no debía hablar a menos que alguien me dirigiera la palabra, y en ese caso únicamente debía responder la pregunta o indicar que había entendido la instrucción. Cualquier otra comunicación podía provocar una bofetada, y cuchichear era impensable.

El grupo de gente con el que está la persona es otro indicador de que algo puede andar mal. ¿Los otros le hablan en forma grosera y exigente? ¿Nunca la incluyen en las conversaciones? ¿Se comportan de manera prepotente? ¿Actúan como si fueran superiores a todos los demás? Si es el caso, esos sujetos pueden ser como la Mamá y el Papá. Pueden ser secuestradores y culpables de tráfico ilegal por retener a alguien contra su voluntad.

Nunca he conocido a alguien que se comportara de manera tan déspota como la Mamá. Nada era suficientemente bueno para ella, y se lo dejaba claro a quien estuviera en la casa, aun cuando fueran amigos de la familia. Con frecuencia los captores sienten que merecen algo mejor que los demás, y esa actitud se refleja en todo lo que hacen.

Tener horarios extraños es otro indicio. Creo que quien llamó para reportar mi caso me había visto varias veces lavar platos a altas horas de la noche. Si ves a un niño en un momento inadecuado, en un lugar en el cual no debería estar o haciendo algo que no tendría que estar haciendo, eso debe ser una señal de alerta. Lo mismo se aplica a los adultos. Hay que tomar nota de actividades inusuales en horarios extraños.

El último gran indicio es lo que dice la persona. Lo importante no es el idioma en que habla –sin embargo, no saber o no hablar el idioma local puede ser un indicador– sino cómo habla. Si no te mira a ti ni a otros cuando te diriges a ella, si murmura o parece atemorizada cuando alguien le habla, eso puede ser señal de que algo anda mal.

El día que me rescataron, solo sabía tres palabras en inglés: "hola", "delfín" y "hermanastra". Ahora pienso que mis captores me mantuvieron deliberadamente lejos de cualquier cosa que pudiera enseñarme el idioma porque su conocimiento podía haberme dado cierto poder. Algo que los tratantes hacen bien es mantener a sus esclavos impotentes.

Es importante tener en cuenta que ninguno de estos factores, ya sea individualmente o en conjunto, significa necesariamente que alguien está siendo retenido contra su voluntad. Estoy segura de que existen muchas personas que reúnen todas estas características pero no se encuentran en esclavitud. Pero puede que así sea. Es posible que sean esclavos y ese hecho es fundamental. Si piensas que alguien está cautivo, entonces debes decidir qué hacer. ¿Harás lo correcto o lo incorrecto? Si no haces nada y la persona necesita ayuda, eso puede ser una tragedia. Tú podrías ser su única esperanza. Puedes ser el único que note que algo está fuera de lugar. Puedes cambiarle la vida para bien.

Por otro lado, si dices algo y resulta que la persona es feliz, está saludable e interactúa por voluntad propia con quienes vive y trabaja, entonces solo se habrá perdido algo de tu tiempo y el de algunos policías y empleados de servicios sociales. Aun cuando muchos de esos empleados de esas oficinas tiene sobrecargas de trabajo y el personal es insuficiente, mi experiencia me ha demostrado que ayudar a quienes se encuentran en cautiverio es algo que definitivamente desean hacer.

Si no estás seguro de que alguien está siendo retenido, comentarlo en privado con gente en la cual confíes siempre es una buena idea. Si te has rodeado de las personas indicadas, lo más probable es que te den buenos consejos. Si no, busca a alguien en quien puedas confiar: un profesor, un consejero o algún amigo de la familia. Si decides actuar, el primer paso es llamar a la Policía (no al número de emergencias). Explica brevemente al agente lo que ocurre. Puedes decir, por ejemplo, "creo que mis vecinos están involucrados en tráfico de personas y esclavitud, porque con frecuencia veo a un niño que trabaja en la casa hasta altas horas de la noche. Este niño nunca va a la escuela, y en las raras ocasiones en que lo he visto en el jardín, actúa como si no entendiera o no hablara nuestro idioma".

Estas palabras probablemente sean similares a las que alguien usó para llamar la atención sobre mis captores y sobre mí. Son solo unas cuantas oraciones y puedes permanecer en el anonimato si lo deseas.

Lo que ocurrirá a continuación dependerá del lugar en que vivas y de las circunstancias específicas de la persona en cuestión. El presunto esclavo, ¿es un niño o un adulto? ¿Qué le obligan a hacer? ¿En qué condiciones vive? ¿Habla el idioma local? ¿Son ciudadanos locales? Las respuestas a estas preguntas y muchas más determinarán la forma de actuar.

Es muy probable que algunos agentes se entrevisten contigo por teléfono o en persona. La información que aportes se incluirá en la investigación. Pueden pasar muchas semanas, pero cuando la policía esté segura planeará un rescate y posiblemente un arresto.

Sin embargo, es posible que tú nunca sepas los detalles o el resultado.

Cuando me rescataron no tenía idea de que la gente que trabajaba para el gobierno de Estados Unidos había estado planeando la operación durante semanas. Lo que supe en ese momento fue que entró gente en la casa y que una persona me sacó de allí. No sabía que se habían elaborado numerosos planes cuidadosamente detallados y que se habían previsto posibles contingencias. Si el Papá hubiera dicho o hecho algo, los agentes habrían sabido qué hacer o a dónde ir. Si la Mamá estaba en la casa, los agentes se colocarían en una posición específica al ingresar. Mis salvadores tomaron en cuenta cualquier posibilidad para lograr que mi rescate fuera lo más seguro posible.

Yo estaba más que aterrorizada cuando sucedió. Durante años me habían dicho que si la policía venía a buscarme ocurrirían cosas malas, mucho peores que las que había vivido todos los días. Además, le pasarían cosas malas a mi familia en Egipto. Por eso tenía desconfianza y miedo de revelar a mis rescatadores cualquier detalle acerca de mi situación. Diez años después, aún soy lenta para confiar en la gente y quizá siempre lo sea. Muchos esclavos rescatados son así. No saben en quién confiar y, al igual que yo en ese momento, es posible que no conozcan nada acerca de las costumbres ni del sistema legal del país en el que están.

La vida en esclavitud puede ser lo único que una persona haya conocido. A él o ella puede aterrorizarle dejar de estar en cautiverio porque no entiende su situación. Necesitan tiempo. Yo solo bajé la guardia con aquellos que con amabilidad, perseverancia y consistencia me preguntaban si estaba bien o si necesitaba algo.

Mark Abend fue una de esas personas. Él mostró interés y con el tiempo me di cuenta de que yo realmente le importaba. Pero alguien que ha sido esclavo no llega a esa conclusión rápidamente. No hay que presionar. No hay que obligarlo a que se ajuste a tu calendario. Es posible que ni siquiera desee cooperar, al menos al principio. Si tiene la suerte de tener a su alrededor gente de gran calidad, como en mi caso, entonces aceptará colaborar. De a poco.

Después de que me rescataron y tuve tiempo para pensar, tomé una decisión. Sabía que podía hacer una de dos cosas: podía convertirme en una fuente de información útil para mis rescatadores y seguir con mi vida, o encerrarme en mí misma y volverme una víctima. Quería una vida plena. Quería vivir, dejar mi pasado en el pasado, así que para mí solo había una alternativa. Dios también fue parte de mi decisión. Sentí en mi corazón que Él había trabajado duro para hacer que me rescataran, así que debía honrar su obra haciendo de mi vida lo mejor que pudiera. Y lo he hecho.

Cada año, más de 17.000 esclavos son llevados a Estados Unidos. Y el número de rescatados es más alto que nunca. Por eso es importante saber que una persona rescatada puede llegar a tu escuela, a tu lugar de trabajo o a tu barrio. Y va a necesitar mucho amor, cuidado y paciencia.

Si tu camino se cruza con el de un exesclavo en un contexto legal, profesional o de amistad, espero que entiendas que quizá no quiera hablar de ello. En lugar de presionar, sé tolerante. Sé amable y bondadoso. Y sobre todo, sé un amigo, porque tú puedes ser el único que tenga.

Soy afortunada de haber encontrado amigos maravillosos que se han convertido en mi familia sustituta. Esas personas son pocas en número pero enormes de corazón, y confío en ellas por completo. Eso es algo que no podría haber hecho hace algunos años. Ahora veo mi vida y veo un futuro en el que haré aún más para detener el tráfico de seres humanos.

Si este libro ayuda a lograr un solo rescate, entonces mi tiempo en cautiverio habrá valido la pena.

Creo que existe una razón, un propósito para todo en la vida, y sé que el mío es ayudar a frenar de manera permanente este horrible crimen. Con la ayuda de tus ojos y oídos vigilantes, cada niño, cada persona podrá vivir una vida maravillosa de su propia elección. No solo creo que esto *puede* ocurrir: creo que así será.

EPÍLOGO

Un día antes de presentarme al examen para obtener la nacionalidad supe que estaba embarazada. ¡Vaya momento más complicado! Ya estaba bastante nerviosa por el examen. Buena parte dependía de volverme ciudadana. De una u otra manera me enrolaría en las fuerzas del orden para contribuir a atrapar traficantes de personas y también para ayudar a gente como yo, que haya permanecido en cautiverio. Pero primero tenía que hacerme ciudadana de Estados Unidos.

Como si el examen no hubiera sido suficientemente estresante, descubrir que estaba embarazada llevó mis emociones al límite. Mi relación con Daniel se había vuelto muy seria, pero como mucha gente joven, aún no habíamos planeado tener un hijo. Me preocupaba cuál podría ser su reacción ante la noticia, y la forma en que el embarazo afectaría mi artritis reumatoide me causaba ansiedad.

A la primera persona que llamé fue a Amber. Vino a mi casa y conseguimos cinco test de embarazo diferentes para estar absolutamente seguras. Todos dieron positivo. Ahora que sabía con certeza que había un bebé en camino, mi amiga me ayudó a concentrarme en el asunto más inmediato: mi examen de ciudadanía. Después de pasarlo, podría lidiar con mis sentimientos sobre el embarazo. Estuvimos el resto de la tarde estudiando.

Al día siguiente me di cuenta de que ella tenía razón. Luego de aprobar mi examen me tomé un tiempo para hallar el sentido a lo que estaba ocurriendo dentro de mi cuerpo. Para ese entonces Daniel y yo habíamos estado saliendo por nueve meses. Todavía estábamos tratando de determinar si teníamos un futuro a largo plazo. Yo me preguntaba: ¿cómo influiría en eso el bebé?

Mi embarazo es la prueba de que el único método anticonceptivo infalible es la abstinencia, así que espero que los hombres y las mujeres jóvenes que lean este libro lo tomen en cuenta antes de permitir que las hormonas y el amor de juventud se hagan cargo. Un bebé es una responsabilidad costosa, que cambia tu vida, demanda mucho tiempo y te aparta de la diversión con tus amigos. Pero yo supe enseguida que estaba dispuesta. Quería conservar a mi bebé.

Parte de mi decisión se basaba en el hecho de que no quería hacerle a mi hijo lo que mis padres me habían hecho a mí. No podía imaginar a nadie más criándolo, y a partir de ese punto supe que, aunque iba a hacer carrera en las fuerzas del orden, ahora mi vida estaría dedicada a velar por sus cuidados.

Me sentía muy insegura acerca de mis potenciales habilidades como mamá, porque no tuve demasiadas figuras maternas positivas como referencia. Pero Amber, Teresa, Karla, PaNou y el resto de mis amigos me hicieron entender que lo único que necesitaba era actuar a partir del amor. El amor era lo que gobernaba los instintos de una madre y era lo que sacaba adelante a una familia. Eso, ¡junto con algunos libros sobre crianza!

No le dije nada a Daniel hasta después de varias semanas porque me tomó todo ese tiempo procesar esta sorpresita. Además, antes de contarle fui al médico. De esa manera tendría todos los datos que necesitaba comunicarle. Cuando finalmente le di la noticia, él pasó por la misma gama de emociones que yo había tenido, incluyendo sorpresa, nerviosismo y temor.

Antes de empezar a integrar la idea de tener un bebé en nuestras vidas, teníamos que definir qué hacer con respecto a nosotros. Decidimos que cuando se terminara el contrato de alquiler de mi departamento, me mudaría con él. Recientemente, Daniel había comprado una casa con tres habitaciones. Todavía no tenía muebles, así que cuando llevamos los míos, la casa se veía genial.

Para cuando cumplí cuatro meses de embarazo, ambos ya nos habíamos hecho la idea de criar juntos a nuestro bebé. La familia numerosa de Daniel era de mucha ayuda, lo mismo que mis amigos. Comencé a sentirme más tranquila con respecto a mi habilidad como madre y a nuestro futuro como pareja. En la cita con el médico, Daniel y yo nos emocionamos muchísimo al ver la figura de nuestra niñita en el ultrasonido. Miramos y miramos la imagen en el monitor; ¡esa era nuestra bebé!

La gente me ha hecho comentarios acerca de la sabiduría con que he elegido a mis amigos, y es que ellos me impulsan mucho. Cualquier cosa que necesite, sin importar lo que sea, están ahí para ayudarme. Daniel es igual. Es uno en un millón, y comenzó a ser un padre activo mucho antes de que Athena naciera. Leyó mucho sobre embarazo y bebés, y acerca de convertirse en papá. Me acompañó a todas las citas con el doctor y fue amable y solícito los días en que no me sentía bien.

Muchas mujeres con artritis reumatoide perciben que sus síntomas disminuyen durante el embarazo, y eso fue lo que me sucedió a mí. Continuaban ahí, pero no al mismo grado que antes de que me embarazara ni después de que llegó nuestra bebé. Yo no quería hacer nada que pudiera dañar a Athena, así que dejé de tomar todos mis medicamentos. Recibí una única inyección de esteroides durante el embarazo porque el dolor y la rigidez habían empeorado tanto que no lo soportaba, pero aparte de esa, hasta que no dejé de amamantarla mi tratamiento consistió en baños calientes y caminatas.

Athena nació el 23 de julio de 2012, pero me habían programado para inducirme el parto el 19 de julio porque ella se estaba poniendo demasiado pesada para lo que mis piernas artríticas podían soportar. Daniel y yo habíamos decidido al principio que queríamos criar a nuestra hija para que fuera una mujer fuerte que se sintiera libre de expresar sus propios pensamientos e ideas. No tuvimos que preocuparnos por eso, porque ella ya se estaba haciendo cargo. En el camino al hospital para la inducción, mi fuente se rompió. Athena nacería bajo sus propios términos.

Varias horas después pude cargar a nuestro pimpollo de felicidad de 2,789 kilos. La mirada de puro amor en el rostro del papá era indescriptible, y yo estaba tan conmocionada que apenas podía respirar. Habíamos estado entusiasmados por ver qué aspecto tendría, y me emocioné al ver en ella las mejillas de Daniel y mi nariz. Es la combinación perfecta de ambos.

Una vez que hice mis recelos a un lado, descubrí que me encanta ser madre. La abrazo demasiado; no quiero soltarla nunca. Estoy totalmente apegada a ella, pero ella también está apegada a su papi. Daniel ha resultado ser un padre maravilloso. Cambia más pañales que los que le corresponden y adora cuidarla tanto como yo. Queremos lo mejor para ella, así que hemos empezado a ahorrar para sus estudios universitarios.

Debido a Athena, mis prioridades en la vida han cambiado y se han vuelto más sólidas. Ahora todo lo que haga será para que se sienta segura, protegida y feliz. Pero por ella deseo más que nunca llegar a ser oficial de policía o agente del Servicio de Inmigración y Control de Aduanas. Quiero mostrarle que las mujeres podemos representar una diferencia en aquellas áreas en que más se necesita el cambio. Quiero que sepa que además de constituir un hogar maravilloso también puede ser una mujer activa, productiva y exitosa fuera de casa. Y la mejor manera en que puedo enseñarle a cómo hacerlo es con el ejemplo. Además, lo último que quiero es que sea la jovencita avasallada, servil, ingenua y sin educación que fui yo. Pospuse mis metas sobre las fuerzas del orden por un año, pero lo lograré.

Quiero que mi hija tenga el sentido de familia que yo me perdí. Tiene dos abuelos maravillosos de parte de su papá, así como muchos tíos, tías y primos cariñosos. Aunque actualmente no hay parientes biológicos en mi vida, mis amigas, Amber, Teresa, PaNou, Karla y muchos otros se han vuelto mi familia aquí, en Estados Unidos. Para mí, "familia" son aquellos que te aman y apoyan sin importar lo que suceda, y estas personas hacen eso por mí.

No sé por qué al principio mi vida fue tan dura e injusta, pero nuestras experiencias –buenas y malas– nos moldean para convertirnos en aquello que llegamos a ser. Hoy me siento completamente feliz y deseo vivir muchos años maravillosos con mi familia y mis amigos. También espero poner a unos cuantos captores tras las rejas. Si eres un traficante de personas, ten cuidado: me estoy preparando para perseguirte. Sé que finalmente lograremos acabar con la terrible práctica de la esclavitud, y espero que ocurra más temprano que tarde. Con la ayuda y el apoyo de toda la sociedad, quizá mi sueño se haga realidad.

Receta para preparar Mahshi Warak Areesh
(Hojas de parra rellenas de arroz con carne)

375 grs. de hojas de parra frescas y tiernas

1 ½ tazas de arroz sin cocer

2 tazas de carne molida o picada, de preferencia de cordero

1 tomate/jitomate mediano, picado (opcional)

1 ½ cucharaditas de sal

½ cucharadita de pimienta

½ cucharadita de canela

2 tazas de agua fría

2 tomates/jitomates medianos, cortados en rebanadas

2 cabezas de ajo enteras

Varios huesos de carne

8 dientes de ajo aplastados con sal

1 cucharadita de menta deshidratada

½ taza de jugo de limón

Ablanda y blanquea las hojas de parra sumergiéndolas por un momento en agua hirviendo con sal. Resérvalas.

Enjuaga el arroz y mézclalo con la carne molida, el tomate picado, la sal, la pimienta, la canela y media taza de agua fría.

Rellena las hojas: coloca una cucharadita del relleno en el centro de cada una. Dobla la parte de abajo de la hoja sobre el relleno, luego dobla los lados sobre el centro y enrolla apretadamente para formar un cilindro de unos 8 cm de largo y 2 de ancho, aproximadamente.

Cubre el fondo de una olla de presión con las rebanadas de tomate, los ajos enteros, los huesos de carne, los dientes de ajo aplastados con sal y la menta.

Cubre con las hojas rellenas, poniendo una junto a la otra, formando capas.

Salpica con jugo de limón; espolvorea con sal.

Agrega el agua restante y cocina a presión por 12 minutos.

Destapa la olla. Continúa cocinando a fuego bajo con la olla destapada hasta que la salsa espese.

Prueba la salsa. Agrega más limón y sal si hace falta; luego, deja que las hojas se enfríen.

Vacía la salsa en un tazón.

Saca los rollos uno por uno y acomódalos en una fuente. Cúbrelos con la salsa. Sírvelos fríos. Si es posible, prepáralos con un día de anticipación para que el sabor se intensifique.

SHYIMA HALL nació en Egipto en 1989 y es la séptima hija de una familia extremadamente pobre. Cuando una de sus hermanas mayores, que trabajaba como empleada doméstica en El Cairo para una familia muy adinerada, fue despedida por robar, los padres hicieron un acuerdo para saldar la deuda y salvar el honor: entregaron a Shyima.

Con tan solo ocho años, trabajó como esclava para tareas domésticas 18 horas por día, los 7 días de la semana. Cuando tenía diez años, sus captores le sacaron una visa ilegalmente y la llevaron a vivir a los Estados Unidos. Dos años después de haber aterrizado en el condado de Orange, California, la rescataron gracias a una denuncia anónima. Finalmente, en 2011, Shyima cumplió su sueño de convertirse en una ciudadana estadounidense.

Ahora espera poder unirse a las fuerzas policiales y, algún día, convertirse en oficial del Servicio de Inmigración y Aduanas de los Estados Unidos, para ayudar a rescatar a personas que pueden estar pasando por las mismas circunstancias que ella atravesó.

Las mejores historias están en V&R

EL CHICO SOBRE LA CAJA DE MADERA
Leon Leyson

FUERA DE MÍ
Sharon M. Draper

CARTAS DE AMOR A LOS MUERTOS
Ava Dellaira

POINTE
Brandy Colbert

V&R
EDITORAS

www.vreditoras.com

f VREditorasYA

¡TU OPINIÓN ES IMPORTANTE!

Escríbenos un e-mail a **miopinion@vreditoras.com**
con el título de este libro en el "Asunto".

Conócenos mejor en:
www.vreditoras.com
f facebook.com/vreditoras